U0569045

销售罗盘系列

赢单罗盘训战手册

打造大客户销售铁军

鲁冰山　曾子亮　夏凯　著

中国人民大学出版社
·北　京·

推荐序一

提升销售能力，接应战略转型

提到中国电信，人们首先想到的是宽带、手机和固定电话业务。其实，除了这些基础业务之外，我们还为政务、教育、健康医疗、工业、金融、交通物流、新兴服务、农业等行业的大客户提供综合信息化解决方案。我们拥有一支数万人的大客户营销团队，即政企客户部，每年创造着上千亿的产值。

上海地处长江入海口，是首批沿海开放城市之一，也是长江经济带的龙头城市和沪杭甬大湾区的核心城市。近年来，伴随着上海在经济、金融、贸易、航运、科技创新领域的蓬勃发展，中国电信上海分公司各项业务在服务城市发展的过程中同样取得稳健增长。

2016 年，集团公司制定了“转型 3.0”战略，立足于“网络智能化、业务生态化、运营智慧化”的运营方针，向着“做领先的综合智能信息服务运营商”的目标稳步前进。面对新时代、新战略、新挑战，为了进一步拓展业务，谋求企业更快更好的发展，集团公司下发了文件，对实战培训工作提出了更高要求。

中国电信上海分公司收到集团公司文件后，先后组织了多次专题讨论。上海正在加快建设国际经济中心、金融中心、贸易中心、航运中心和具有全球影响力的科创中心，全力打造上海服务、上海制造、上海购物、上海文化四大品牌，聚集了大量上下游企业。总部经济快速发展，众多跨国公司和国内上规模民营企业，纷纷将集团总部、地区总部或“头脑中心”移至上海。客户更加专业，需求更为复杂，尤其是众多巨头纷纷进入信息化服务领域，市场竞争愈加激烈，需要我们进一步提升大客户销售能力。

为了服务好这些客户，通过信息化助力客户做大做强，落实集团战略转型目标，提升自身核心竞争力，打造一支大客户销售精英团队，我们决定引入训战结合项目。该项目分为三个阶段，第一阶段，结合上海特色设计实施方案，申请成为集团内部的试点，开展规模轮训，导入方法论；第二阶段，精选试点团队和项目，以双周为循环单元，借助系统定期分析项目形势，制定策略和行动计划；第三阶段，通过大赛检验训练成果，总结经验复制推广。在此过程中，设计合理可行的实施方案，通过运营机制调动团队积极性，通过督导机制确保实施方案落地，每个环节都非常重要，都必须抓紧抓好。

在开展训战结合项目之前，每个客户经理都有自己的成功经验，都有自己的一套打法。这好比每个人手里都有一把尺子，每把尺子的刻度不尽相同。一旦遇到复杂大项目，团队成员都用自己手中的尺子去衡量、去判断，思路和做法不一致，难以形成团队合力，不利于快速推动项目。通过策略销售方法论和工具的使用，我们统一了大项目的分析方法。收集项目信息，研讨应对策略，实现了结构化、流程化、逻辑化，工作效率大幅提高。

通过训战结合项目，我们培养了 40 名企业内训师和实战教练，实战辅导了 40 个重点项目，开展了 158 次拜访，挖掘商机数亿，签约数千万元。

在带领组织接应集团战略转型的过程中，我们意识到训战结合项目是一个很好的抓手。通过这个项目，不仅能培养一批师资和销售团队，推动一批重点项目，更重要的是帮助团队建立起了一种“以客户为中心”的思维方式。理解客户处境，探索客户期望，和客户共创解决方案，帮助客户成功。只有建立在客户成功基础上的合作，才能持久多赢。

实践证明，这套方法行之有效，我们的大客户销售团队已经践行，并仍在继续使用中。为此诚挚地向各位朋友、各位同仁推荐此书，祈望以此助您实现组织转型，提升销售能力与业绩。

孙欣

中国电信上海分公司政企客户部副总经理

推荐序二

锻造销售铁军，做行业领军者

中国企业已经进入大转型时代，但企业转型并非易事！

企业要不断成长，离不开转型升级。华为在过去的30年中，经历了三次重大的业务转型和蜕变：从产品销售转向解决方案销售，从国内市场走向全球市场，聚焦客户从大B（运营商）转为小B（行业客户）和C（终端消费者）。

华为转型成功，依靠的是持续的管理变革，所以才有广为人知的IPD、ISC和LTC，而更加关键的是人的转变，包括人的思维转变和团队能力的提升。

在华为的10年，我亲身经历了前两次战略和业务转型。作为当时解决方案销售转型和一线"铁三角"建设的核心成员，我推动并落地了作为销售核心能力和作战策略的"铁三角"建设。基于我的理解，华为"铁三角"的发展，经历了三个阶段。

第一阶段："项目铁三角"形成期（2003—2010年）

最早的时候，华为是没有"铁三角"的，因为产品是简单的设备，交付只需要按照标准流程安装调试即可。

在海外，因为市场环境的不同，客户希望华为做工程总包。然而工程总包中工程服务的价格占比较高，基站还没有铁塔贵，工程部分的合同质量好坏直接影响项目的盈亏，所以华为在销售合同谈判阶段引入了交付的报价和评审环节，这也就是“铁三角”的雏形。

真正让“铁三角”实现制度化、流程化，是从2003年开始的。2004年，为了解决网络层面的可交付、可运营问题，华为提出了解决方案的概念。

2005年，华为正式开始对解决方案销售和“铁三角”的探索。经过多年的努力，华为在全球，无论在客户层面、服务层面还是解决方案体系层面，都得到了提升，形成了业界著名的“项目铁三角”模式，其中角色包括客户经理、解决方案经理和交付经理。“三人同心，其利断金”，“项目铁三角”注重发挥团队作战的优势，实现全流程客户最佳体验，帮助客户取得商业成功。

第二阶段：日臻成熟的“铁三角”体系（2010—2012年）

随着企业的快速发展，大型项目越来越多，客户需求愈发复杂和多样。为此，华为逐步完善和夯实“铁三角”运作模式。在“项目铁三角”的基础上，增加了“系统部铁三角组织”和代表处/地区部建设平台。增加的组织和平台，是“项目铁三角”各角色资源的来源以及业务能力的建设平台。因此，给“项目铁三角”组织赋能，是当时营销工作中的重中之重。

> “铁三角”内部研讨支撑：地区部各专业部门负责为各“项目铁三角”内部研讨提供引导材料、能力提升计划模板，提供“铁三角”内部研讨时必要的现场支持、培训授课支持。
>
> 运作审视：各系统部每月对“铁三角”的运作情况进行检查，审视铁三角运作情况，针对审视中发现的问题，确定改进计划，并检查

改进的实施情况。

指定导师：根据任职资格要求，审视“铁三角”各角色的能力匹配度，为“铁三角”中每个成员指定导师，导师在角色认知、工作开展中提供指导和帮助。

集中研讨/培训实施：基于各“铁三角”团队的研讨结果，地区部相关部门分析共性能力差距，组织相应的资源进行针对性的研讨或培训。

“铁三角”各角色能力提升竞赛：组织“铁三角”中各角色开展能力竞赛活动，树立标杆和典型，创造你追我赶、相互竞争的学习氛围和进步环境。

第三阶段：“铁三角”依托 LTC 流程制度化（2012—2015 年）

华为 LTC 流程把“铁三角”的运作明确到日常工作中，客户经理、解决方案经理和交付经理的职责清晰明确，从而做到有章可循。

我和本书的作者之一机缘巧合下，在一次华为前员工的聚会上相遇，因共同的经历、认知和感悟而相识相知。我了解到，他长期致力于企业级销售领域的实践和研究，并携手志趣相投的营销高管和培训专家，合伙创建了一家志在成为“B2B 战略变革与绩效提升首选平台”的机构，帮助客户提升“销售能力”和“销售绩效”，已取得斐然成绩，深为他们“幸福销售人”的使命而感动！

接到书稿，用了周末两个整天的时间，仔细阅读，喜悦、激动之情油然而生！

这是一本难得的好书！字里行间，透露的是三位作者多年销售实践的丰硕成果和智慧结晶。书中既有赢单的思路、方法和策略，也有如何将其与真实项目相结合的步骤和流程，以及帮助项目团队发现更好赢单方法的策略和路径。更为可贵的是，本书对华为的“导师制”做了进一步的细化和专业化，让管理者做实战教练，用一套标准的流程、工具和方法，去高效督促、辅导团队用好这套赢单方法。各级销售管理者如何成为实战教练，此书提供了思路和操作方法。同时，借助“双周实战辅导”的方式，销售组织可以把这套方法和团队日常销售工作、销售管理工作融为一体，通过三个月以上的时间，把赢单策略和方法内化为习惯，从而支撑业绩的持续达成。

书中介绍的赋能步骤、方法和体系，和前面我所介绍的华为“项目铁三角”有异曲同工之妙；在不少方面，还有进一步的深化、细化，降低了操作难度，提升了可操作性和有效性。

在此，诚挚向各位朋友推荐此书，希望能够通过它，帮助您顺利实现销售组织转型，提升销售团队能力，打造销售铁军，创造更好的销售业绩！

周斌

华为全球解决方案部前副部长

华为欧洲地区部前解决方案副总裁

山东拜罗智能科技有限公司董事长

前言

训战结合，提升销售能力和绩效

大客户销售的新挑战

这是一个最好的时代，供需信息获取变得越来越容易。这也是一个最坏的时代，大客户销售的复杂度急剧上升。

20 世纪 80 年代以前，我们称之为销售 1.0 时代，这个时代以生产和产品为中心，大量推销员出现。从 20 世纪 80 年代到 2000 年是销售 2.0 时代，客户的需求开始趋向个性化、具体化、多样化，顾问式销售兴起。2000—2015 年是销售 3.0 时代，随着互联网普及、社交网络和移动互联网兴起、电商快速发展，互联网的连接缩短了信息交互、信息获取的时间，能够让客户更精准地从海量信息中获取想要的信息。

2015 年销售 4.0 时代开启。云计算、物联网、移动互联网、大数据、人工智能、区块链正在改造一切。客户在没有见到销售之前，已经获得了大量信息，在某些领域，客户甚至比销售还专业。

宏观经济进入新常态。粗放型、数量型、扩张型的高速增长成为历史，取而代之的是集约型、质量型的增长模式。客户投资更加稳健，更关注投资回报。

信息更透明，竞争更激烈。供应商和客户之间的信息趋于透明，同一个项目，参与竞争的供应商更多，新商业模式如雨后春笋，各种跨界竞争风起云涌。

客户需求更加复杂，更加个性化。很多客户不再选择一次性投资，采购一个大而全的项目，而是可能碎片化购买、按需购买服务、按使用效果付费。如果不满意，就可能更换供应商，更换成本降低。

客户采购决策越来越理性。以前客户决策流程相对简单，少数人拍板；现在客户内部成立各种项目组，多部门、多角色参与，分权制衡，按流程推进。

策略销售能力愈加重要

以前，很多企业根据客户采购逻辑、销售步骤等因素，把销售过程划分为“潜在、意向、立项、方案、商务、成交”等环节，标注每个阶段关键任务、应用工具、判定标准，并赋予每个阶段成交概率，以管理销售过程、动作及可预测结果。销售只要按部就班，根据规划中的动作要求照葫芦画瓢，应用相关工具，就可完成相关任务。

如今已进入 VUCA 时代，情况已有所不同，充满了不稳定（volatile）、不确定（uncertain）、复杂（complex）、模糊（ambiguous）。客户身处充满竞争和不确定的生态系统中，需要随时应对各种变化，环境让客户变得更加敏感。客户所需要的解决方案、决策模式与流程、组织资源和预算配置，或将随需而变。倘若销售仍然按照既定打法去满足客户“随时而变”的需求，则无异于刻舟求剑。很可能，你每次见面，客户都有了新变化。

VUCA 时代，销售必须要敏锐感知各种变化，洞察行业趋势，研究客户战略和关键举措，思考如何帮助客户成功。每次分析项目时，都要重新审视销售目标，判断当下形势，分析关键角色，用一套逻辑化、结构化的流程，精心设计下一步的推进策略和行动计划，做到“胜兵先胜而后求战”。

否则，如果仅凭经验、凭直觉往前冲，一门心思想“搞定”客户，以“败兵先战而后求胜”的打法，希望从苦战中侥幸取胜，最终结局大有事倍而功半之可能。

在VUCA时代，拥有观形察势、谋定而动的策略销售能力，何其重要。

如何具备这种能力？很多客户选择上几次培训课程，这可能还不够。因为人的思维和习惯，并不这么容易改变。

多维度提升销售绩效

“绩效技术之父”托马斯·吉尔伯特（Thomas Gilbert）研究发现，影响绩效的因素主要是环境和个人。其中，环境占75%，个人占25%。环境影响因素有三个，分别是信息、资源和激励；个人影响因素有三个，分别是知识、个性匹配和动机。如果要提升绩效，仅从某一个维度入手，效果有限。

因此，我们从这六个维度出发，思考如何调动大家的积极性，把学到的理论方法和实战项目相结合，在实战中学习，在学习中实战，将训练与实战相融合，依此设计出了“训战结合项目”。本书将会告诉你，如何在组织内部，设计并实施“训战结合项目”。

这个时代获得知识并不难，但知识在被使用之前，只是一个美丽的传说。

这个时代不缺好方法，缺少的是如何落地应用方法，跨越从知到行的鸿沟，产生价值。

最近这三年，我们陆续给一些客户导入训战结合项目。其中，既有急于提升销售能力的创业公司，也有正在进行战略转型的大中企业，还有世界 500 强企业。通过上百个销售团队、数千个项目的验证，证明了这套方法体系是可以落地，是能够有效支撑战略变革和绩效提升的。因此，我们希望把这些经验分享出来，帮助更多的客户，这就是我们编纂出版此书的初心。

由于水平有限，书中错误和不当之处在所难免，敬请各位读者指正。若能对各位读者有所启发，我们深感荣幸。

关于本书

本书属于销售罗盘系列，是《赢单九问：分享千万大单成交心得》和《赢单罗盘：大客户销售制胜之道》的姊妹篇。《赢单九问：分享千万大单成交心得》阐述了策略销售的核心理论，《赢单罗盘：大客户销售制胜之道》介绍了策略销售应用系统，本书主要介绍如何用策略销售理论分析实际项目。

策略销售实战方法已经在数百团队、数千项目中得到应用，屡赢大单。本书从实战角度，描述了策略销售训战结合项目的步骤，重点介绍了策略销售实战流程。我们总结了大量常见问题，针对每个问题分析原因并给出建议。销售人员通过阅读和练习，可以掌握策略销售的精髓，提升形势分析和策略制定能力。

除此之外，本书也是一本帮助企业培养销售实战教练的指导书。通过培养实战教练，可以统一企业销售语言，提升销售沟通效率，提升团队作战能力。通过内部实战教练对团队开展辅导，定期分析项目形势，优化推进策略，可以持续提升团队能力，从而支撑业绩稳步增长。

本书分为三部分。第一部分，赢战 VUCA 时代，包括第一章到第三章。时至今日，大客户销售产生了不少变化，对销售能力提出了更高要求。

为了顺应当下形势，提升策略销售能力，我们设计了训战结合项目。第二部分，策略销售实战应用，包括第四章到第十章，介绍了应用策略销售开展实战的具体步骤，以及培养实战教练和开展双周实战辅导的方法。第三部分是企业实践案例，简要介绍了一家世界500强企业如何在其内部开展训战结合项目，提升能力和绩效，接应战略落地。

本书适合从事大客户销售和培训的人员阅读，包括一线销售、销售管理者、销售培训师、实战教练、咨询顾问、培训主管、学习项目设计师、课程顾问等。在战争中学习战争，培训和实际业务相融合，训战结合，是未来销售类培训项目的趋势。希望我们的实践总结，对读者有所帮助。

在本书的写作过程中，我们和销售罗盘的授权导师涂峰、武宝权、高正华、贺若、程显锋、晁岳建、李鑫、唐仁亮、唐国华、谭新、萧弘、王克文等老师交流，他们提供了许多宝贵建议，在此一并致谢。

最后要特别感谢中国人民大学出版社的马晓云老师在编辑方面给予的巨大帮助。

目录

第一部分

赢战 VUCA 时代

第一章　VUCA 时代的销售

销售是否会消失

6 月 19 日早上 9 点，有个销售人员在微信群里谈到一次经历。那天，为他们公司供应办公用品的销售经理来拜访他们公司的采购经理。前者得知，他们公司最近在网上采购了大量办公用品，短期内不会有需求。供应商的销售经理离开之后，这位销售人员和采购经理闲聊，采购经理说："网上采购产品种类更丰富，价格更低，服务还好，估计这个销售经理快失业了。"

看着销售经理离开时的背影，这位销售人员难免有兔死狐悲之感。互联网时代，电商如此发达，还需要销售人员吗？

一石激起千层浪。

有些人觉得各大电商平台都在大力拓展企业采购业务，各行各业的供应商也在通过网络直接联系客户，未来可能真的不再需要销售人员了，只要客服＋物流就行。

有人说，已经忘记上一次逛商场是啥时候了。家里所有物品，都是通过手机在线购买的。如果要买一件衣服，可以先挑几件比较满意的全部下单，买点运费险。试穿之后，满意的留下，不满意的就选择“七天无理由退款”，多方便。这年头节假日没有亲朋好友打电话很正常，如果没有快递小哥打电话，就会怀疑自己手机出了问题。

有个销售人员说：“我现在卖自动售货机。通俗点讲，等于在别人办公室里开了一个无人超市，把销售人员取代了。我这么干，会不会遭报应啊，比如未来，客户会不会直接从京东、天猫、苏宁等平台买自动售货机，或者直接找生产商家买，把我取代了?”

也有不少人反对，说你们说的都是针对个人客户，销售人员作用没那么大。企业采购业务不一样，肯定还是需要销售人员和客户面对面沟通。

也有人反驳这种观点。有个销售人员说，我们公司以前搞各种市场活动、年会、员工年度旅游等，都是线下找供应商采购，现在都是直接在线上搞定。

有位群友在国内一家知名农牧企业工作，从技术转岗到服务。他说他们公司年销售额数百亿元，但已经没有严格意义上的销售人员，他们只有近千人的技术服务队伍。这些人去见养殖户时，根本就不推销饲料，而是和养殖户讲养殖场管理经验、市场趋势、防疫知识、食品安全等问题。结果，养殖户经常请他们吃工作餐，订单源源不断。竞争对手的销售人员经常花钱请养殖户吃饭，产品价格更低，但和他们业绩差距越来越大。这位群友说，不要销售人员也没关系。

销售人员会消失吗？这个问题不能一概而论，因为不同销售类型，可能并不一样。

全国从事销售职业的人超过 3 000 万，这些人销售的产品多达数万种。我们把销售先分为两大类：企业面向企业的销售（Business to Business，以下简称 B2B），企业面向终端客户的销售（Business to Customer，以下简称 B2C）。

其中，B2C 可细分为两类，快消品销售和耐用品销售。B2B 也可分为两类，标准化产品销售和复杂解决方案销售。结合这个分类方式，我们对上面提到的各类销售模式进行分类，构建了营销杂度模型（见图 1－1）。

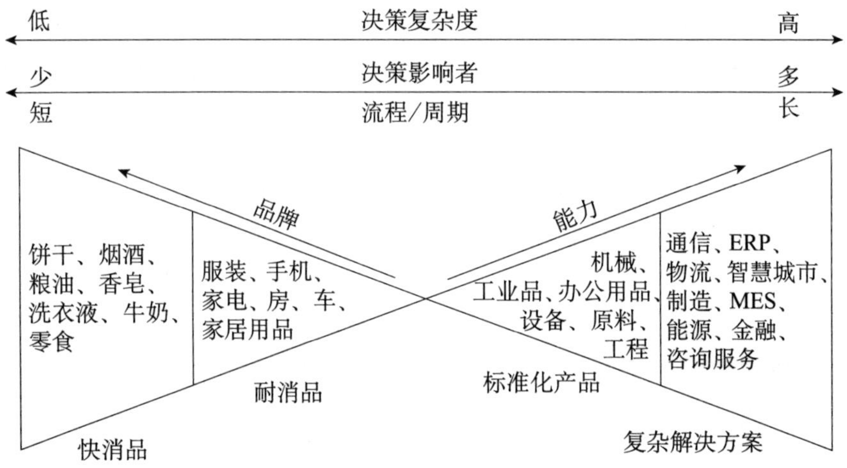

图 1－1 营销复杂度模型

交叉点以左，购买者以个人或家庭（B2C）为主。越靠左产品单价越低，客户购买决策越简单、周期越短。市场品牌、渠道、促销等对销量影响越大。销售理论主要是 4P（产品、价格、渠道、促销）。这些年，快消品和耐用品的购买和销售过程发生了巨大的变化。现在连家具、手机甚至车都成了快消品。销售人员卖的东西越靠左，越容易被互联网、大数据和人工智能替代。

交叉点以右，购买者多以组织和企业（B2B）为主。越靠右购买金额越大，参与决策人员越多，客户购买决策越复杂、周期越长、影响因素越多。销售能力对业绩影响越大。

本书探讨的重点，是交叉点右侧，即 B2B 销售。

我们分析了众多 B2B 企业，总结了四种销售模式。

第一种，转化型。在这种销售模式下，单个订单金额较低，潜在客户群数量很大，产品标准化程度较高。产品有财务软件、OA 软件、招聘服务、企业福利、团体保险、会展服务、租赁服务等。企业通过线上线下市场营销活动，获得潜在客户联系方式。销售人员采用线上沟通、电话营销、线下拜访等方式，介绍产品优势，达成合作意向，推动客户付费。这种模式的销售路径比较短，以获客转化、签单付费、持续运营为主。这类模式的核心是线索量和转化率。

第二种，服务型。在这种销售模式下，单个订单金额不高，客户数量不多，但客户购买频次高，重复采购。产品有饲料（面向养殖企业）、企业生产所需原材料、易耗品、零配件等。供应商需要定期拜访客户关键人，了解现有产品使用状态和新需求，提供及时服务。这种模式的核心是增强合作黏性，降低被替换的可能性。

第三种，效率型。在这种销售模式下，单个订单金额比前两类略高，目标客户群较大。这类客户需求略有不同，供应商需要根据客户所属细分行业的特点，组合多种产品，设计相对标准化的方案包。公司先按照区域或者行业划分地盘，销售人员通过线下或线上方式，筛选锁定目标客户。销售人员的任务是找到目标客户关键人，制订和执行拜访计划，通过数次拜访，激发客户兴趣，探索需求，呈现产品优势，实现签单。这类销售模式的核心是制订细分行业方案和提升拜访效率。

第四种，效能型。在这种销售模式下，单个订单金额很高，目标客户较少。产品有大型设备、ERP、智慧教育系统、智慧医疗平台、政务云、智慧城市规划方案等。江湖中流传一句话：三年不开单，开单吃三年。这类客户需求比较复杂，需要根据每个客户的特点，设计解决方案。销售人员需要洞察客户处境和发展趋势，理解客户战略目标和关键举措，分析客户面临障碍和关键需求，和客户共同制订解决方案。客户会进行多个方案的评估和论证，最后多人做出决策。实施过程中要做好项目管理，有些还要联合运营，提供持续服务。这种销售模式的核心能力，是分析复杂项目形势、制订策略，以及共创解决方案。

在第一种销售模式下，销售人员会可能逐渐被市场、顾问、客服等代替。在第二种销售模式下，销售人员最核心的价值是提供专业化服务，可能逐渐衍变为服务专家，纯粹的销售人员价值不大。第三种和第四种销售模式中，销售人员的作用比较独特，难以被取代。

因此，本书将聚焦第三种和第四种销售模式，探讨如何提升销售能力和绩效。在分析如何提升能力和绩效之前，我们先看看，VUCA 时代的 B2B 销售遇到了哪些新挑战。

B2B 销售面临的新挑战

宏观经济形势的挑战

很多做销售的朋友，感叹这些年商机变少。2018 年的冬天，比往年更冷一些。商机减少的背后，是宏观经济环境的变化。宏观经济环境极其重要，因为宏观发生细微变化，对微观也会产生较大影响。例如，人类能在地球上生存，需要很多基础条件，氧气、水、食物、温度等。人类对温度特别敏感，体温若超过 42℃，中枢神经系统功能就会发生严重紊乱，体内蛋白质可能变性、凝固，会有生命危险。如果体温低于 34.5℃，心脑等核心器官的功能会受到影响，甚至有生命危险。体温计的温度范围是35℃～42℃，因为一旦超出这个范围，就会有严重生命危险，测体温已经没意义了。人生存的温度区间其实非常窄，如果地球与太阳的距离变近或变远1%，就会使地球温度超出适合人类生存的区间。

改革开放以来，中国经济持续高速增长。2012年，政府宣布该年国内生产总值（GDP）增长目标为7.5%，这是八年以来GDP增长目标首次低于8%。

投资、出口和消费，是拉动中国经济增长的“三驾马车”。其中，投资拉动能力最强。2007年，中国的固定资产投资增速为24%，十年后的2017年，固定资产投资增速为7%。2018年1—10月，全国固定资产投资增速为5.7%。中国经济逐步从粗放型、数量型扩张转向集约型、质量型增长。因此，未建项目立项审批空前严格，不少在建项目可能停建，继续建设的项目严格控制预算，各类商机自然减少。随着贸易保护主义抬头，出口形势异常严峻，拉动能力下降。

所谓福无双至，祸不单行。从需求角度看，商机减少。从供应角度看，很多行业都面临着产能过剩，生产能力大于市场需求。国家力推“一带一路”倡议，消化过剩产能是重要目的之一。

产能过剩，对销售而言，最直接的影响有两方面。一方面，产品同质化严重，价格竞争愈演愈烈。有些销售人员最怕公司开新产品发布会，一旦公布了新功能，过不了多久，行业内其他对手的宣传资料上，也会出现这些功能。既然功能类似，价格战不可避免。另一方面，竞争更加激烈。以前，金额不大的项目，大多是几家熟悉的当地供应商竞争，现在可能会遇到很多跨市、跨省甚至跨国企业的竞争，僧多粥少，竞争异常惨烈。

雪上加霜的是，供应商的经营成本不断增长。有机构统计，现在中国的劳动力成本比2005年涨了5倍，比1995年涨了15倍。相比人工成本上涨，不断高涨的房价成本，传递给企业的压力更大。随着更加刚性的环境保护和规范约束，很多企业在环保方面的投入必将增加，这些成本最终都会体现在产品中。很多销售感慨，一方面客户要求不断提高质量，另一方面又不断压价，如果没有技术革新，很多产品恐怕已是微利甚至负利润。

在风口上，猪也会飞起来。当市场商机充足时，大部分企业都会忙着扩张，很少有人会考虑提升销售人员能力。风减弱了，就能看出，哪些还在继续飞，哪些正在往下落。“冬天”也是企业练内功，提升销售能力的好时机。

互联网带来的挑战

中国互联网络信息中心发布第42次《中国互联网络发展状况统计报告》，报告显示，截至2018年6月，中国网民规模达到8.02亿。其中，手机网民规模达到7.88亿，高居世界之首。

互联网带来了很多挑战，其中最明显的变化是，供应商的信息优势减弱，甚至消失，客户获取信息变得异常容易。20年前，供应商掌握了最先进的思想理念、方法流程、技术和工具。销售人员喜欢和顾问一起，带着一台电脑和投影仪，去给客户讲PPT。客户边听边问，碰到有价值的地方，还会认真做笔记。临走时，客户都想要PPT材料，销售人员还不一定给。如果销售人员能请个真正懂行的专家，给客户做场讲座，很可能就会影响客户的思路，有效推动项目，获得竞争优势，甚至能在处于劣势时起死回生。

现在不同了，销售人员主动给客户发资料，客户可能都懒得看。有些公司的创始人或CTO（首席技术官，通常是公司内技术牛人）通过视频讲课，销售人员邀请客户来听，客户还爱理不理。因为今非昔比，客户可以通过网络，快速查到想要的资料，找到很多行业内顶级专家的免费文章、音频和视频。

以前，销售人员约见客户，经常用的理由是“×总，您好，我过来给您送份新资料，介绍一下我们的新产品”，客户大多回答“好的，你来吧”。

现在，如果还用送资料的方式约客户，客户可能回答说：“不用麻烦你跑一趟，我最近也忙，你先发个电子版过来吧。”

以前，很多销售人员的作用是“传话筒”，送资料，介绍产品和案例，问需求，告诉一些自己知道但客户不知道的信息。现在这些信息都放在官网上，客户可以很方便地查询。

信息透明化，供需之间直接对接。以前很多公司大力拓展渠道，发展代理商，因为供方和需方必须通过代理商才能及时交换有效信息。现在，客户只要动动鼠标或者手机，就能找到一堆供应商。互联网越发达，依靠信息不对称生存的代理商就会越难过。

客户需求信息被贩卖，竞争加剧。以前某客户有了需求，如果项目金额不是特别大，可能只有当地供应商知道。现在，潜在竞争对手都知道。原因是，有些公司专门收集这类信息，通过互联网出售给所有的潜在供应商，从中牟利。

我见过一个卖中央空调设备的企业，他们从某公司定期购买信息。例如某企业有一个新建项目，需要用到中央空调设备。信息中会显示该企业的董事长、总经理、分管副总、项目经理等人的联系方式，项目总预算，负责编写可行性研究报告的单位及工程师电话，项目立项时间，负责项目设计的设计院、设计人员联系方式，图纸设计进度，施工进度等。平台提供的数据比很多销售人员亲自拜访收集的还全。销售人员拿到信息之后不要窃喜，因为你不知道已经有多少对手买到了同样的信息。为什么有些客户接到销售人员的电话，就想挂掉？因为他的信息不知道被贩卖了多少次，不知道已经被骚扰过多少回。

客户更容易查找供应商信息，了解同类项目的经验。一个客户有了想法，会通过网络搜索哪些公司在这方面经验比较丰富，符合预期。当他找到了相关公司的信息，可以在线咨询，或者留下联系方式，很快有销售人员主动联系他。有些细心的客户，会搜索类似项目的招标结果，查看类似项目的评标结果公示，通过招投标信息，就能看到有哪几家参与竞争，各家的商务、技术和价格得分情况，最终哪家单位中标。根据类似项目的招投标信息，就能快速筛选出一些有实力的备选单位。

有位销售人员听说某家单位要进行热水系统改造，拜访项目负责人。对方很坦诚地说："谢谢你专程过来。我们的确要做，不过我们重点考虑的是这几家公司（业内知名度较高，经验比较丰富），我们查询过你们公司，你们不在我们的考虑范围之内。今后有其他项目，欢迎你们参与。"

电商的影响也在变大。以前天猫、京东、苏宁、美团等电商，大多只有 B2C 业务。现在这些平台都在大力开拓 B2B 业务，企业板块的业务规模已经高达数百亿元。未来，这个数据会持续增长。

社群带来的挑战

人以群分，物以类聚。客户内部类似岗位的人更容易聚到一起，参加一些政府、协会组织的会议和活动，建立各种微信群。有个销售人员长期和医院打交道，他说上至医院院长、副院长，中到各个主任和科长，小到一个网管，每个人都有自己的社群。

通过社群，客户可以快速共享供应商的资料。有一个售卖 LED 灯的销售人员，跟进一个医院项目，谈了很久，到了报价环节。客户直接问："人民医院项目也是你们做的吧？你们给他们报价多少？给我们的价格，不可能比他们更高吧!”销售人员说具体价格是其他同事负责，不清楚。客户直接拨打微信语音电话，联系人民医院的设备科长，请对方把投标文件的价格页拍照发过来。销售人员辛辛苦苦谈了很久，希望能以一个比较漂亮的价格成交，结果到了最后，价格几乎透明。

客户反馈会放大，影响朋友圈潜在客户。市场营销里有个“1∶8∶25”法则。据说一个人购买了产品或服务，如果感觉很好，他可能将这种感受告诉8个人；反之，如果他不满意，他则可能向25个人抱怨。现在随着社群的发展，这个数字可能要被改写。客户用得好，不一定会帮供应商宣传；但如果用得不好，随便发条朋友圈吐槽，就会影响很多潜在客户的认知。一个客户在朋友圈吐槽几个字，就可能让销售人员损失一个潜在客户或订单，吐槽的几个字可谓“一字千金”。

客户更容易得到同行的建议。有家企业要建设视频会议系统，信息部经理在几个微信群里发了消息，询问哪些兄弟单位做过，效果如何，有什么建议。很快就有几个人跟他分享自己的购买经验，和哪些供应商沟通过，感觉哪家靠谱哪家不靠谱，最终和谁签了合同，应用效果如何。客户没见销售之前，就已经对各家供应商有了初步判断。我们经常说“金杯银杯不如老百姓的口碑”，相对供应商的广告和销售人员的介绍，客户更愿意相信同行的建议。

客户开始抱团，形成联盟。江浙地区有家民营企业，年产值数百亿元。它跟当地另外五家企业形成了一个联盟，这六家的供应商是可以共享的。当它们要采购某个产品时，首先会询问另外五家是否有成熟供应商或推荐供应商。供应商只要能和其中一家合作愉快，就有可能进快速进入另外五家的供应商库。客户在采购时，也会把联盟作为谈判筹码，希望供应商给出最优惠价格。

客户采购行为变化带来的挑战

销售等于买卖，有买才有卖，买决定卖。VUCA时代，采购已经发生了很多变化。

更多人会影响决策，决策过程也更复杂。以前一次采购只要两三个人决策，销售人员只要搞定几个关键人就行。现在客户会成立各种项目组和委员会，研发、生产、采购、法务等多部门多角色参与，分权制衡，按流程推进。

多家供应商竞争，招投标逐渐成为常态。有些使用财政资金的项目，以前采用单一来源采购或竞争性谈判的模式，现在都要公开招标。在政府采购或者国企采购领域，国家已经立法并且对采购项目有明确的法规进行规范，如《中华人民共和国政府采购法》《中华人民共和国投标招标法》等。部分企业为了规避采购风险，其采购模式和采购方式比法律法规中规定的还要严格。有位在国企负责采购的朋友介绍，他们公司以前的规定是金额低于100万元，不用公开招标；现在金额只要高于20万元，就必须公开招标。很多民营企业也引入招投标流程，或者规定至少要几家参与竞争。

客户的决策流程，不再是线性的，而是同步推进的。以前客户是先有意向，然后梳理和确定需求，根据需求评估各家方案，最终做出决策，一步一个脚印往前走。现在，客户可能只有一个模糊的想法时，就让供应商出方案，需求和方案评估阶段没有明确界限，边梳理需求边写方案，需求和方案可能还会反复调整。在工程建设领域，边设计边修改边实施被称为“三边工程”，这种情况是不正常的，但在大客户销售过程中，已经成为普遍现象。

客户自己梳理需求的能力增强。以前客户有了想法，会先找几家供应商交流，让供应商来开展调研，协助梳理需求。需求确定之后，再细化方案，评估方案，最终做出决策。现在不太一样，如果需求不是特别复杂，客户参考同行经验，自己就能梳理需求。有位销售人员为客户提供能源审计服务，他分享过一个案例。有一次他听说某五星级酒店可能有能源审计的需求，就去拜访酒店的工程总监。工程总监拿出一份需求文档，各项要求清晰具体。销售人员大吃一惊，以为已经内定了某家供应商，是某家供应商提供了详细的需求说明。销售人员最终还是赢得了这个项目，事后交流才知道，自己竟然是第一个和客户交流的供应商。这份需求文档是酒店工程部参考了其他酒店的材料，结合自己酒店的情况整理出来的。工程部在没有和供应商接触的情况下，自己写出了详细的需求。

客户更加专业，总包和集成类大单减少。以前客户因为信息不足、专业度不够，所以非常需要一个单位做总包，总包再分包下去。现在客户越来越懂，为了降低成本，可能把一个总标拆成多个标段，大单化小。有些客户数据量较大，以前需要自己购买设备，建设数据中心机房，投资 100 万元，现在有可能把数据存到云端，按月付费，每月 2 万元。

客户更关注价值，价格竞争更激烈。以前客户获取供应商信息的能力有限，大多向比较熟悉的、距离不远的供应商询价。现在客户非常容易获得供应商信息，客户自身经营成本上涨，经济下行，大环境不好，采购节省的每一分钱都是利润，所以能省就省。供应商要不断地为客户创造额外的价值；如果各家供应商产品差异不大，价格竞争在所难免。

客户对采购的理解发生了本质变化。以前大家觉得采购部门就是负责花钱的，重点就是少花钱多办事，核心技能是砍价。后来，大家意识到采购部门不是成本中心，而是重要的利润中心。有些公司的采购人员的名称已经变成了“资源开发经理”或“战略采购经理”。采购人员的核心工作，已经不仅仅是完成采购任务，而是要结合工程目标，为公司开发供应链资源，创造更多价值。有些公司已经意识到，采购也是公司的战略部门，核心职责是结合公司战略目标，整合优质资源，帮助公司提高运营效率。

采购人员更专业化和职业化。有位销售人员准备拜访采购经理，得知采购经理正在请假，自费参加一个“价值链研习社”的学习。以前老板觉得采购谁都能干，别的事儿干不好，花钱的事儿还不会吗？有些人人品不错，在其他岗位做得不太好，调来调去，最终可能会去采购部。现在客户对采购部越来越重视，对采购人员的要求不断提高。越来越多的高学历人才、技术专家等加入采购大军。我认识一些非常好学的采购人员，在专业领域持续学习，通过了专业认证，例如ISM（美国供应管理协会）的CPSM认证；英国皇家采购与供应学会的CIPS认证。

采购人员更专业，更懂业务。以前采购人员大多不懂业务，业务部门梳理好需求，推荐几家供应商给采购部门，采购部门负责砍价，走流程。现在很多公司招聘采购人员时，优先考虑有业务或技术背景的人。采购人员介入项目的时间点也发生了变化。以前销售人员大多是方案评估阶段才介入，现在可能在需求梳理阶段就介入，甚至更早。有一家世界500强公司，要求采购人员在产品研发阶段就介入，采购人员会协助研发部门寻找合适的供应商，共同设计产品概念，在公司内部立项。为了避免被供应商钳制，公司规定供应商必须通过采购部门和研发部门沟通，不得直接和研发部门沟通。

有些单位采购制度也在改革。有位销售人员分享了一个案例。他去拜访一家民营学校的采购经理，双方聊得不错，一起吃饭，结果竟然是采购经理抢着埋单。销售人员回到公司，愁眉苦脸，其他销售人员不理解，说你太牛了，我们从做销售第一天起，就是请采购经理吃饭，给采购经理送礼。今天太阳从西边出来了，客户采购经理居然主动埋单，多难得啊。销售人员说，我也是今天才知道，这家单位的采购绩效制度非常特殊。采购经理的收入是基本工资加提成，基本工资不高，主要靠提成。一个项目需求确定了，多个采购经理各显神通，大家各找供应商，然后内部评标。评标也分为技术、商务和价格三部分。哪个采购经理推荐的供应商赢了，采购经理就拿提成。所以，采购经理要求销售人员在确保质量的前提下，提供最优惠的价格。

采购部门对于供应商的成本分析更精准。有位销售人员分享了一个案例。有家客户的采购部门，通过供应商提供的设备零部件清单等信息，精确测算了供应商的产品生产成本。客户以此为依据，和供应商谈判，要求降低成交价格。随着大数据技术的发展，产品生产过程中的成本数据更容易收集，分析更便捷，产品成本和利润也更透明。

有个采购总监分享了一个案例。他们每年从某世界 500 强企业采购低压电器设备，采购金额较高。客户处于弱势采购地位，供应商比较强势。客户的采购总监希望进一步降低低压电器设备的采购价格，供应商不理睬。在一次拜访中，采购总监了解到该供应商今年主推新的传感器产品，销售指标没有达成，业绩压力大。采购总监动用资源，向其他客户推荐这家世界 500 强企业的传感器产品。与此同时，供应商营销老总协调公司资源，最终降低了低压电器设备的价格，双方达成全方位合作的战略伙伴关系，合作非常愉快。

商业环境的进化

传统社会是人情社会。在大客户销售领域，很重要的一个流派是“关系型销售”。他们崇尚“销售就是搞定关键人”。这一派对销售理论不屑一顾，认为只要和客户关系好，就能签大单；关系不好，说什么都是扯淡。关系型销售是用一切手段投入，换取客户在情感上的支持，帮助赢单。关系的背后，表面上看是人情世故、身份地位等，归根结底也需要真金白银的投入。

十多年前，老销售向新人传授秘籍，最常见的是“三扣神功”。第一是纽扣，搞好关系，所谓的“先做人再做事”“先做朋友再做生意”。方法有多种，比如先请客户吃饭喝酒。第二是回扣，搞定关键人，谈好利益分配，和客户一起发财，成为一根绳上的蚂蚱。第三招是折扣，销售人员最擅长讲故事，夸大销售难度和竞争，向公司申请特价，给客户非常优惠的价格，低价签单。

党的十八大以来，随着政府坚持以零容忍态度惩治腐败，坚持“老虎”“苍蝇”一起打，不断强化对权力运行的制约和监督，逐渐形成了不敢腐的惩戒机制、不能腐的防范机制、不易腐的保障机制，商业环境随之进化。在很多事业单位和国企采购过程中，纪委和监审的作用越来越大。

采购环节曾经是商业贿赂和腐败的重灾区。随着政治和商业环境的进化，很多供应商明显感受到了这种变化。近年来，各种商务攻关、高端宴请、请客送礼、围标串标等行为得到了遏制，贪污腐败、行贿受贿、暗箱操作、干扰招标等行为大量减少。

外企非常重视合规，采购人员一进入公司，就要接受职业道德准则（CoC）、反腐败和商业贿赂规定（ABC）、礼品政策（gift policy）等培训。随着国内反商业贿赂法律体系的逐步建立和完善，民营企业也开始重视反腐。例如华为、阿里、腾讯、百度、京东等公司，都设置了反腐部门，通过内部审计和监督，以及与司法部门联合等方式遏制各种腐败行为。信息社会，采购的圈子也更加透明，大部分采购人员也不会因为暂时的利益，忽略了自己在圈子内的名声。

传统社会是熟人社会，通过血缘、亲缘、地域、同学、商会等纽带，形成各种“小圈子”。可喜的是，随着时代进步，中国开始走向法治社会，契约精神开始孕育，商业环境逐步净化。传统的大客户销售遭遇了空前的挑战，销售升级迫在眉睫。本书将探讨，在这些变化之下，遇到商机之后，如何分析项目形势，制订精准推进策略，步步为营，提升项目赢率。

赋能新时代

大客户销售的衍变

随着时代的发展，大客户销售复杂度也发生了变化（见图 1－2）。

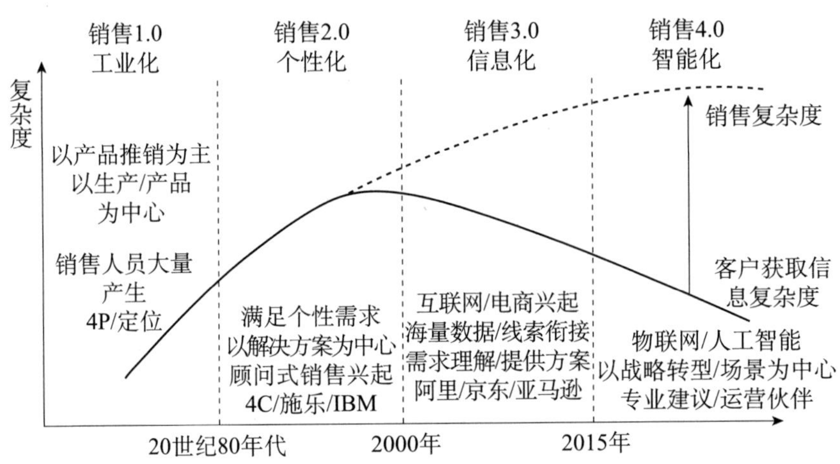

图 1－2　销售复杂度变化曲线

伴随着第三次工业革命，商品的种类和数量出现爆炸式增长，销售成为一个职业。20 世纪 80 年代以前，我们称之为销售 1.0 时代。这个时代的销售，以生产和产品为中心。成为优秀销售人员，需要自信、激情，要对产品熟悉，还要掌握快速成单技巧。

一提到“最伟大的销售人员”，大家会想到谁？很多人都会想到乔·吉拉德（Joseph Girardi）！他号称世界上最伟大的销售人员，连续 12 年，平均每天销售 6 辆汽车！这个纪录，即使在今天看来，依然是一个奇迹，所以这位老人家是神一般的存在。一位中国作者曾写过一本介绍乔·吉拉德销售经验的书，名字叫《乔·吉拉德快速推销技巧》。有趣的是，现在很多办公室门口都贴着一张纸，上书四个字：谢绝推销。

时代真的变了，30 多年前，很多人都以成为一个销售人员为荣。今天，客户都躲着销售人员。在销售 1.0 时代，主流销售理论是 4P。对销售成败影响最大的四个要素是：产品、价格、渠道和促销。销售人员找到潜在客户，用最短路径以最快时间把产品信息传递给客户，就可能成交。

从 20 世纪 80 年代到 2000 年，是销售 2.0 时代。客户的需求开始趋向个性化、具体化、多样化。销售人员把产品进行组合，形成一个“解决方案”，满足客户需求。这个时代，例如 IBM 和施乐等优秀企业，都开始根据客户需求定制解决方案。这个时代，还产生了 4C、施乐和 IBM 等销售方法论。在此期间，一群年富力强、专注于销售流程、行为和心理学的大师，经过研究，创立了很多经典销售理论，创建了一批销售咨询公司。

2000—2015 年，是销售 3.0 时代。随着互联网普及、社交网络和移动互联网兴起、电商快速发展，互联网的连接缩短了信息交互、信息获取的时间。客户可以更精准地从海量信息里获取想要的信息。客户只需要动动鼠标或手指，就可以知道你的公司情况、产品参数和功能介绍、竞品对比情况、其他客户的使用感受、竞争对手信息等。

客户获取信息如此快捷，如果销售人员依然希望通过介绍产品、传递信息来说服客户购买产品，将变得非常困难。

如果产品相对简单，客户可以在网上快速搜索出多种同类产品。对比不同厂家的产品参数，查看用户评价，在电商平台下单，物流送货上门，不满意还能无条件退货。各大 B2C 电商平台，也都在大力拓展 B2B 业务，2017 年电商企业采购规模已经有数千亿元。这类产品的销售人员，也将逐步被电商、物流和客服取代。销售人员根本没有机会站到客户面前，施展各种推销技巧。

有些行业，虽然“电商+物流+客服”暂时还不能取代销售人员。但是这些行业也发生了巨大变化。在网络普及前，供应商和销售人员掌握着客户需要的最新信息。例如，十多年前推广企业资源计划（ERP），只要一个“专家”，加上一台笔记本和投影仪，讲一些新的管理理念、流程和技术，客户听得津津有味，就可能拍板立项，准备采购。

但现在，客户只要手机扫码，就能免费收听业界知名人士甚至世界级大咖的精彩演讲。客户接到销售拜访的预约信息后，也可通过搜索引擎、社群等收集资料。所以，当销售出现在客户面前时，客户不再是一无所知，某些方面有可能比销售知道得还多。如果很不幸，客户刚好看到了你的竞争对手的软文，已经形成对你的公司和产品的负面认知，你还要迎接更多的挑战。

现在是销售 4.0 时代。借用狄更斯的一句话，“这是一个最好的时代，也是一个最坏的时代”，云计算、物联网、大数据和人工智能正在改变一切。每一个组织都在思考明年该怎么活着？会不会被某些巨头跨界干掉？

如果你是一个销售人员，你的客户希望和你聊什么？他对你的期望是什么？他可能不希望你只盯着他的预算，卖一堆产品给他，他希望你理解他的处境，希望你成为长期发展的合作伙伴，帮助他构造核心竞争力，为他的发展提供有价值的建议。随着时代的发展，客户获取信息的复杂度越来越低，与此同时，大客户销售变得更加复杂。

大客户销售的五个猜想

基于上述分析，在VUCA时代，对于大客户销售，我们有一些猜想。

第一个猜想，告知型、交易型销售会逐渐消失。信息如此发达，依靠信息不对称生存的中介公司、贸易公司、代理商、批发商将逐渐消失。生产者和最终消费者将会直接交易。只能为客户传递基本信息的销售、客户投入度很低的交易型销售将被“电商＋物流＋客服”所取代。

第二个猜想，销售的核心能力将转变为为客户提供有价值的建议，而不是收集需求和传递产品信息。优秀的销售人员，在销售过程中，能够洞察客户所在行业的趋势、帮客户分解战略目标，梳理关键问题，规划实施路径，帮客户构建新的能力，形成新的核心竞争力。这种关系，不再是简单的买卖关系，而是双方为了一个共同的目标，建立深度合作的关系。

第三个猜想，未来有些B2B大项目可能化整为零，客户按需付费。行业分工越来越细，客户越来越专业，客户没必要找一个总包，再让总包找分包去挣差价。客户可能不会一次性投资整个项目，而是按需付费。那种能够满足很多需求的总包项目、大项目可能减少。客户需求会更聚焦，客户的购买越来越日常化、碎片化，甚至会根据使用过程和使用效果进行付费。

例如，以前餐饮公司给员工买保险，都是按年付费。我认识一家公司，它的一项业务是为送外卖的小哥提供保险，客户每次只购买2个小时的保险服务。又例如，有一个客户数据增加太快，机房不够用。如果在五年前，客户会立项，投资1 000万元扩建机房。现在客户可能租用云服务，每月付30万元。一个1 000万元的项目，就变成了多个30万元的项目。客户按月付费，服务得好他就继续用，否则下个季度客户就换一个平台。客户替换供应商的成本越来越低。

例如，有个公司四年前买了一套CRM系统，花了80万元。从上年年初开始，公司用了一个新系统，按账号数付费，每月每个账号100元。这种模式，在软件行业叫“SaaS”模式，英文叫Software-as-a-Service，软件即服务。通俗点讲，就是客户不用投资硬件和软件，而是根据自己的实际需求，向厂商购买所需的应用服务，按数量和使用时间向厂商分期付费。

第四个猜想，未来优秀供应商将致力于提升和客户的合作关系。不仅是软件行业，不少传统行业也在从卖产品向卖服务转型。一个推销饮料包装纸盒的销售人员，分享了他们公司的转型案例。这家公司最早是向饮料制造企业卖包装纸盒材料的，竞争很激烈。后来，他们发现客户采购纸板的要求经常有细微变化，这些变化多由包装设备厂家提出。于是他们联合了一家设备厂家，给客户提供“包装设备＋材料”，开始卖“包装解决方案”。过了几年，他们发现客户迫切希望降低包装成本，他们和设备厂家联合攻关，设计了一系列的降本增效方案。他们和客户沟通，承包了客户的“包装环节”，他们不再卖材料或设备，而是按照包装饮料的盒数，向客户收费。通过这种方式，客户的包装成本下降了15%，公司的利润也提升不少，彼此成为战略合作伙伴，合作关系非常牢固。

这个案例，可用尼尔·雷克汉姆（Neil Rackham）的研究成果来解释。图1-3是供应商和客户的交易类型；图1-4显示双方的合作级别。

饮料包装纸盒的案例，就是从“交易型销售”，逐步提升为“解决方案销售”，最终成为“战略销售”。供应商和客户的关系，也从1级升到了4级。其实在各个细分市场，都有企业在做类似探索。努力提升合作关系，

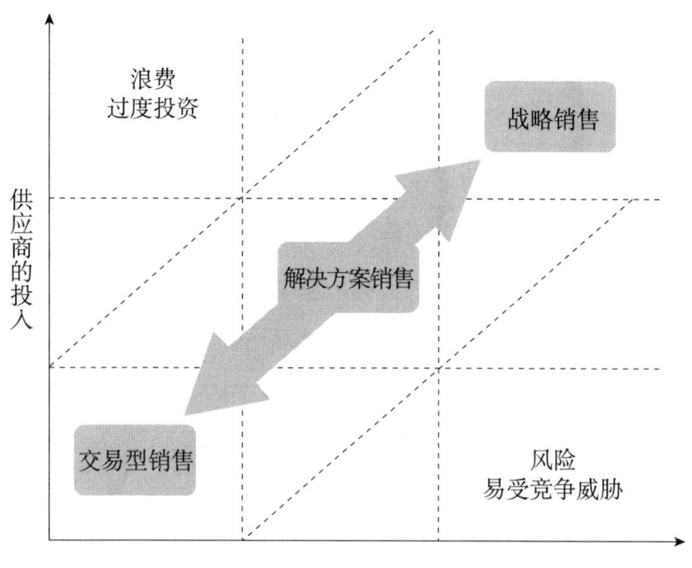

图1-3 三种销售类型

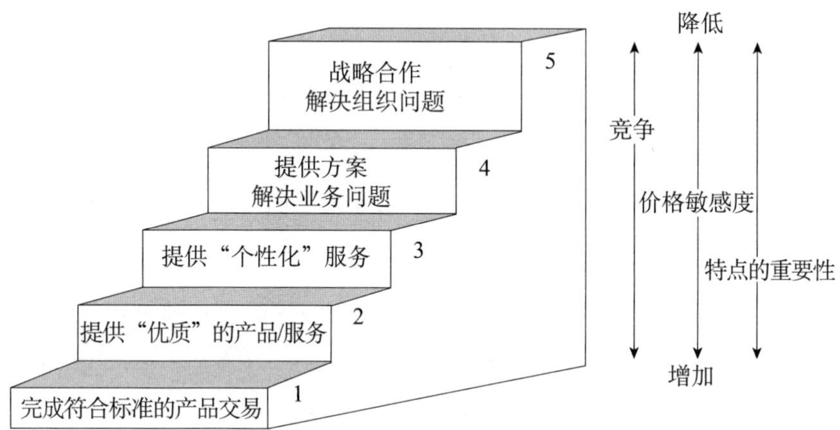

图1-4 五级合作关系

才能避免陷入价格竞争的红海，降低被替代的可能性。

第五个猜想，客户的商业模式向数字化转型，供应商的销售模式随之改变。随着物联网、大数据、云计算等技术发展，很多产品变得更加智能，产品使用状态可以数字化呈现。进入数字化时代，很多客户的商业模式悄然发生了变化。

例如，有家机电工程公司以前的业务模式是向客户卖空调，以及安装和维护保养。最近几年，它和一些学校和工厂合作，在宿舍“免费”装空调。这些空调上都安装了物联网芯片。住在宿舍的人如果觉得天气热，想吹空调，可以在线缴费，购买制冷服务，按需付费。现在这家公司卖的已经不是空调设备，而是基于设备的制冷服务。作为空调厂家销售人员，不能忽视这种商业模式的变化，要主动思考如何和工程公司合作，甚至联合运营。

例如，有一家工程设备制造公司以前的商业模式是卖设备。后来这家公司在设备上安装了传感器，可以实时了解设备运行情况。后来，这家公司又成立了一家服务子公司，开发了线上平台，向各施工单位、租赁公司和建设单位提供服务。当建设单位有需求时，或某工程公司设备施工能力不足时，公司可以通过平台协调闲置的设备资源，到达指定地点进行施工作业。通过这种方式，这家公司大幅度提升了设备运营效率，创造了经济效益。

以前供应商将产品卖给客户，客户再卖给它的客户。供应商只需要向客户提供简单的售后服务。现在，客户的商业模式已经发生变化，向提供数字化运营服务转型。供应商、客户和客户的客户，可以通过数字化方式进行联系，实时了解产品的使用状况和运行参数，彼此能产生更多合作机会。每一次服务，都是销售和运营的开始。

当客户在思考商业模式转型时，供应商的销售人员必须能敏锐洞察这种趋势，理解客户的处境和战略举措，和客户一起设计和迭代商业模式，深度合作，甚至联合运营，通过数字化方式为客户的客户提供更多服务。

VUCA 时代销售所需核心能力

在 VUCA 时代，经济环境、社群、客户采购行为、商业环境都发生了较大变化。在销售 4.0 时代，客户对销售人员的能力也提出新要求（见图 1-5）。

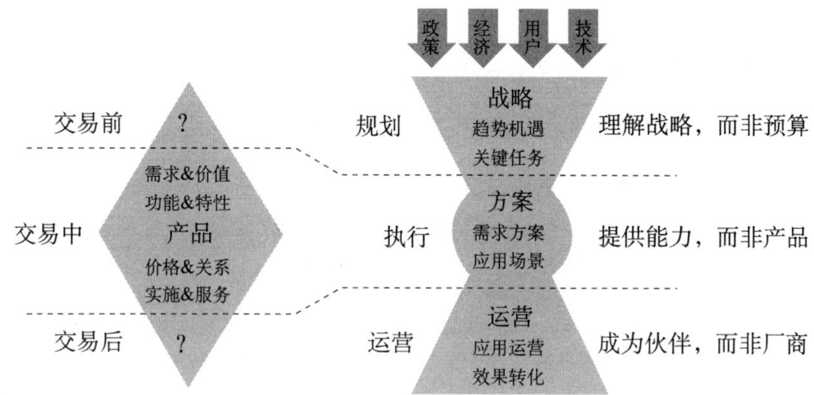

图 1-5　客户视角下的销售

以前销售是以产品为中心，销售人员主要在售中环节发挥作用。销售人员先了解客户需求，提供方案，呈现价值，然后签合同，做好实施和服务。销售人员很少思考交易前、交易后客户在干什么？

交易前，客户在做战略规划。战略从哪里来？因为政策、经济环境、用户需求、技术、竞争格局等都在变化。这些变化可能给客户带来发展机遇，也可能带来挑战，甚至是威胁。为了抓住发展机遇、化解挑战，客户必须理解趋势，顺势而为，制定出更符合生存和发展的战略。战略目标确定后，客户会分解举措和关键任务，各个部门开始制定自己的目标和措施。例如，生产部要升级生产线、采购部要建一个采购平台、办公室要上移动 OA 系统……这时候才出来一个个项目。

遗憾的是，遇到一个商机时，大部分销售人员都会直接问："你们有什么需求？"客户说需求，销售人员边听边盘算。听完之后，销售人员心中窃喜，心想这么多需求，这单子应该不小。接下来，销售人员想尽办法打听客户的预算。谈得差不多了，销售人员说："我回去先安排人，给您做一个方案，再给您汇报。"如果能把这些事情做好，已经算是一个优秀的销售人员。

在听到客户有需求之后，很少有销售人员能够先去思考客户为什么要改变？客户的战略是什么？客户的关键举措和任务是什么？这个项目是为了支撑哪个核心目标？通过这个项目，客户将具备什么能力？

交易之后，客户在思考什么呢？客户希望能有效地使用产品或服务，顺利运营，实现预期效果，从而具备新的能力，实现其核心目标。客户希望供应商能成为长期的合作伙伴，而不是只惦记一锤子买卖。

在这个过程中，销售人员首先不要考虑自己，而要考虑客户，以及客户的客户。从客户的客户视角出发，来帮助我们的客户取得成功。因为我们客户的核心工作就是服务好它的客户，当我们的客户、客户的客户都赢了，我们的赢就会水到渠成。我们和客户之间，才可能构建战略合作伙伴关系，而不是简单的买卖关系。

如果真正以客户为中心，就要在整个交易过程，和客户同频思考，交易前帮助客户做好规划，交易中帮助客户采购，交易后帮助客户运营。要做好这些，可能不是靠销售人员一个人，而要靠一个围绕客户组建的团队。通俗点讲，未来的销售人员不能只讲个人英雄主义，而必须学会团队作战；不是依赖某一个人的力量，而是靠一个体系。这个团队，不仅要能洞察行业趋势，领会客户战略，帮客户规划和优化实现目标的路径；还要能理解客户的业务现状，分析问题障碍，基于应用场景设计方案；并能够精准识别和分析客户角色，开展关键对话，推进项目决策等。

如今已进入 VUCA 时代，情况已有所不同，充满了不稳定、不确定、复杂、模糊。客户身处充满竞争和不确定的生态系统中，需要随时应对各种变化，环境让客户变得更加敏感。客户所需要的解决方案、决策模式与流程、组织资源和预算配置，或将随需而变。倘若销售人员仍然按照既定打法去满足客户“随时而变”的需求，则无异于刻舟求剑。很可能，每次见面客户都有了新变化。

VUCA 时代，销售人员必须要敏锐感知各种变化，洞察行业趋势，研究客户战略和关键举措，思考如何帮助客户成功。每次分析项目时，都要重新审视销售目标，判断当下形势，分析关键角色，用一套逻辑化、结构化的流程，精心设计下一步的推进策略和行动计划。

在 VUCA 时代，拥有观形察势、谋定而动的策略销售能力，何其重要。

第二章　解密绩效密码

销售绩效影响因素

几乎所有企业的老板都认为市场空间巨大，如果销售人员再努力一些，业绩还可以更好。销售人员认为在现有条件下，完成的业绩已经是个奇迹。作为企业销售负责人最关心两个方面，业绩数字和能力。如果业绩不行，职位难保。如果销售人员能力不行，就算今年的业绩完成了，明年怎么办？遇上好形势，能力差点，猪在风口上也会飞起来。等风停了，没有翅膀的猪迟早会摔下来。

企业都希望业绩持续增长，提升销售人员绩效就成了永恒话题。销售绩效如何提升？

我们借助“绩效技术之父”托马斯·吉尔伯特（T. F. Gilbert）的模型来分析。吉尔伯特发现，影响绩效的因素主要有两方面，环境和个人。在吉尔伯特绩效模型中，环境占75%，个人占25%。在环境层面，有三个影响因素，分别是信息（占35%）、资源（占26%）、激励（占14%）；在个人层面，也有三个影响因素，分别是知识（占11%）、个性匹配（占8%）、个人动机（占6%）。我们结合大客户销售的特点，对每个因素进行了细化，如图2-1所示。

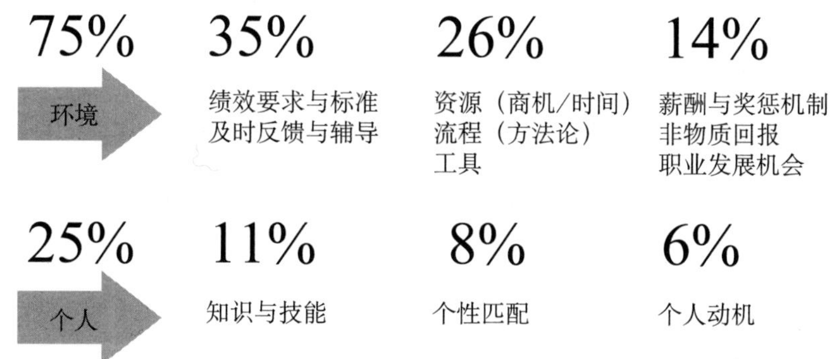

图2-1 大客户销售的绩效模型

第一个影响因素是“绩效要求与标准”。公司先要定义出绩效考核的要求和标准，比如新签合同额、续签合同额、年度回款、利润、客户满意度等在绩效考核中各占多少比例？绩效要求和标准是风向标，引导大家的努力方向。

我曾经遇到一个销售人员，抢单很厉害，新签合同额部门最高，但绩效排名不好。原因是这个公司的客户是按季度付费，老客户续签率占绩效比重很高。这个销售人员口才非常好，会给客户描绘很多暂时难以实现的功能，所以续签的客户不多。

不同公司在不断发展阶段，各个指标占比都要及时调整，否则会有问题。第二个影响因素是“资源、流程、工具”。公司能提供哪些资源？商机和线索主要靠你自己找还是公司提供？公司有清晰的销售流程吗？公司有自己的销售方法论吗？公司提供了哪些销售工具？

每个行业里优秀的公司，例如IBM、微软、西门子、甲骨文、施乐、华为等，都有自己独特的销售方法论。实践如果没有被提炼，没有上升到理论，就难以复制和传承。

第三个影响因素是“薪酬与奖惩机制”。公司薪酬制度如何？基本工资、奖金提成和各种福利各占多少？有哪些非物质激励？企业是否考虑了员工的职业生涯规划？是否有足够的职业发展机会？

这三个因素，占了75%。这好比你种花生，首先得有合适的土壤和花生种子。如果给你一块乱石滩地和烂种子，再厉害的高手也不可能有好收成。

在个人方面，首先是“知识与技能”，可参考上一章总结的VUCA时代需要的核心能力。

其次是个性匹配。有些公司会通过性格测评，确定一个人是否适合做销售工作。大家可能听说过MBTI、DISC、九型人格、性格色彩等。其实性格只是特点，既不是优点，也不是缺点。每个人身上，都同时存在多种性格，在不同场合表现出来的比例不同。任何一类性格的人，只要发挥优势，都可能成为优秀销售人员。

最后是个人动机。你为什么选择做销售工作？你觉得自己做的事情有意义吗？人只有做有意义、有价值的事，才会有持久动力。当我们把这些要素找出来之后，再思考如何提高绩效，就会更有针对性。

希望销售人员看到这里，不要被误导。以前如果绩效不好，你可能会觉得是自己不够努力，知识和技能有待提升，应该从自身找原因。看完以上这些内容，大家会发现环境因素非常重要。如果下次你们公司开会，老板让你分析自己业绩不佳的原因，你可千万别把这套讲出来，否则后果很严重。你们都懂的。

销售绩效提升关键

我们已经探讨了影响销售绩效的六个要素。如何提升销售绩效，也可以从这些维度思考，如图 2-2 所示。

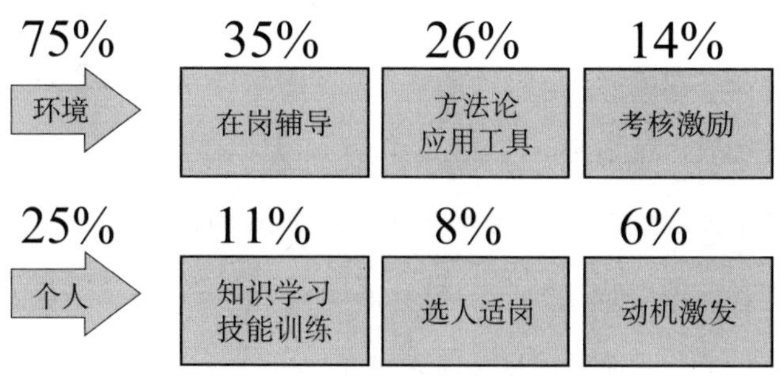

图 2-2 大客户绩效提升途径

我们通过在岗辅导来改善“绩效要求与标准”。我们发展管理者做教练，基于企业不同的业务类型，制订合理的绩效指标，常态化辅导，及时反馈，为销售赋能。如果一个组织，销售人员有问题有困难，却不知道问谁，成长速度就不会快，时间长了，很容易另谋高就。

我们通过方法论和应用工具来改善“资源、流程、工具”。工欲善其事，必先利其器。很多公司没有给销售人员应有的资源，比如从入职到成单的时间、商机线索、销售流程和帮助打单的工具。针对大客户销售的核心能力，例如营销规划、策略制定、高效拜访、解决方案制作与呈现等，我们对每个模块都提出了对应的方法论、流程和工具。

我们会改善“薪酬与奖惩机制”。我们帮客户全面诊断，调整直销和分销组织，设置更为合理的激励和考核制度。其实很多时候，企业不是缺少人才，而是没有把人放对位置。瑞克·佩吉（Rick Page）在《竞争性销售：简化企业销售的六大关键》（*Hope Is Not a Strategy*：*the 6 Keys to Win-*

ning the Complex Sale）一书中，把销售人员分成了七个类型，分别是销售人员、渔夫、猎手、农夫、业务顾问、伙伴和倡导者，每一类人适合做的事情都不一样。老客户深度经营、新客户拓展、新产品销售、战略客户突破等，需要的人才不一样，对应的激励方式也不一样。把每个人放到最合适的位置上，设置恰当的考核激励体系，这样才能人尽其才。

我们通过专业培训和实战来改善“知识与技能”。我们通过培训来导入知识，通过实战训练技能，通过工具培育新习惯。

针对“个性匹配”，我们的出发点不是性格，而是胜任能力。我们开发了一套“大客户销售能力测评系统”，通过全面测评，能让销售人员更了解自己的特点，选择最能发挥自己优势的行业和岗位，扬长避短。

针对“个人动机”，我们会协助客户设计职业生涯，告诉销售人员未来有哪些道路可以选择，以终为始，规划未来。很多人说销售人员是吃青春饭，我觉得销售是一个可以做一辈子的职业，甚至越老越吃香。

各位可能发现了，我们不是从某一个点突破，而是采用了一套组合拳，从各个维度入手，全面提升销售绩效。

训战融合立体赋能

有人可能说，这六个维度是诗和远方，销售人员更关心眼前的苟且，关心能不能完成业绩，怎么提升能力。很多客户做过很多次销售培训，虽然请的老师水平不错，学员满意度也很高，但学完后，销售团队还是老样子，没有发生多大变化。因为销售是一种技能，只能通过刻意训练才能提升，直到变成一种本能反应，才真正属于你。

如果某人参加了一次培训，听到了一套好方法，从此就能在实际工作中，按照这套新方法去做，是最好的结果。可惜，这种人的数量和大熊猫的数量差不多。

上个月我看完了一本书，兴奋地拍了封面，发微信给朋友，问："你觉得这本书怎么样？"

朋友回复："这书以前看过，现在没什么印象了。"

我惊讶地问："啊？这本书不是你推荐的吗？你说这本书非常好，给我拍了 10 张照片，你在上面写了很多笔记，居然没印象了？"

《认知天性》（*Make It Stick*）中说，人们对学习有很多错误的观点。例如人们看完一本书，在书上写满笔记，再写篇读书心得，以为自己就学会了。心理学家研究表明，如果过几个月甚至更长时间再去测试，绝大部分都会被忘掉，更别提用起来。你曾经看过这本书，和没看过这书，基本没区别。

之所以会这样，可能有以下五个原因：学得少、忘得快、用得少、缺辅导、难坚持。

学得少

第一个原因：被动式学习效果较差。我们从小习惯了填鸭式教育，习惯了以老师讲为主。我大脑中经常浮现一个画面，一个人拿着饭碗和勺子，给一群小孩喂饭，一口接一口地喂。有的小孩不想吃了，这个人就叹气"你不知道这些多有营养啊，来，再吃两口"。课堂中，我们都是一群等待被填食的"鸭子"，老师把各种知识塞进去。喂饭的人就是老师，饭碗和勺子就是话筒和翻页笔，饭菜就是 PPT 里的知识，小孩就是学员。老师在不断地输出，学员在被动地接收。

学习金字塔理论（见图 2-3）展现了主动学习与被动学习的区别。

销售人员参加过的培训，大多以老师讲授为主。所以最多吸收 5%。现实中的问题是，如果一个老师讲得太少，让学员练习得多，你们会觉得

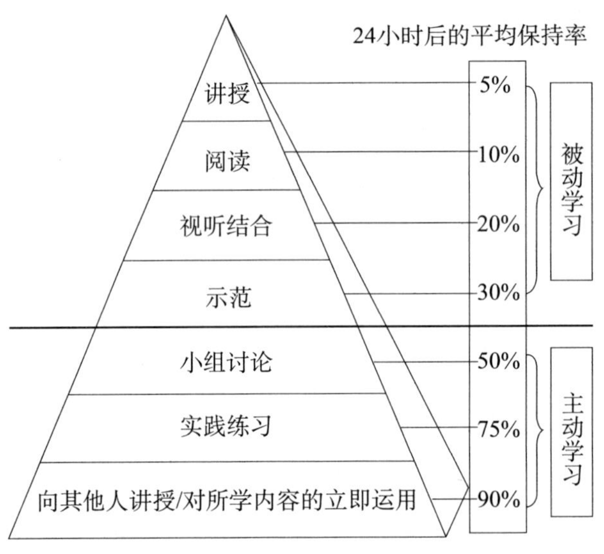

图 2-3 学习金字塔

这个老师干货太少，或缺乏诚意，或投机取巧。老师为了学员满意度，为了客户付款，只能不停地灌输知识、给干货、填鸭子。很多学员评价老师都喜欢用一个词“干货满满”。在学员看来，可能是褒义词；在我看来，其实是贬义词。这次沙龙如果以你们研讨和练习为主，学习效果肯定更好，但很多人会觉得白来了，觉得老师给的干货少，下次不来了。

被动学习的上限是 30%。如果通过实践和教授给别人，你能掌握 90%。所以，想提升学习效果，有个小技巧。你只需要把学习目的设定为“向他人讲授、自己对所学内容立即运用、辅导他人应用”。我们为很多客户培养过企业内训师，我经常对内训师说：“如果你想快速掌握这套方法，最简单的方式，就是学完之后，回去马上转训，讲给别人听。不管学员有没有听明白，反正你把自己整明白了。你去讲一次的效果，等于复训 10 次。”

有些内训师心里没底，认为自己还没学会，怎么敢去讲。我会给他们讲一个真实的故事。霍华德·加德纳（Howard Gardner）是著名的教育家和心理学家。有一次，他的学生问他："老师，我还没学会，怎么敢去用呢?"加德纳回答："你都不去用，怎么学得会呢?"其实这段对话背后的原理和学习金字塔是异曲同工的。

忘得快

第二个原因是忘得快。大家上高中都得学物理，当年学了无数遍，闭着眼睛都能写出的万有引力公式，现在还有人记得吗?

估计绝大多数人，高考结束后，就还给老师了。

很多人这辈子知识最渊博的时候，就是高考前夕，上知天文，下知地理，左知语文，右知数学，前知物理，后知化学，大到宇宙，小到微生物，上下五千年，古今中外事，无所不知，无所不晓。问题是，有些重要公式，例如万有引力公式，反复练习几百遍，你都会忘得一干二净，更别提这种两三天的培训课了。

去年教师节，我看到朋友圈疯传一段话：师恩难忘，在这个特殊的节日里，我想对所有教过我的老师们说一句："老师，您辛苦了！我把您教的知识都还给您了，您什么时候能把学费退给我呢?"

"职业培训师"也被人称为"老师"，所以每到教师节，我也会很忐忑。我不知道以后，有没有人看到我的名字，就问我："你讲的知识，我已经全部还给你了，我交的培训费啥时候能退?"

我想到了一句广告词：你的遗忘能力，超出你的想象。

其实不用等几个月，只要过1天，你可能就会忘掉一半；6天后，你可能就忘掉3/4；最终，你能记住的大概不到1/4，德国心理学家艾宾浩斯(H. Ebbinghaus)做过相关研究。

更要命的是，最终剩下的25%，也不一定是和知识有关的，也不一定是最重要的内容，比如你记住的可能是漂亮的女同桌。有一家世界知名的咨询机构，对学员做了一个跟踪调查，结果显示，90天后，没遗忘的知识点只有6%，真相总是这么残酷。

用得少

每次课程结束，我都送大家一句话："有用才有用，无用就无用。"只有回去应用所学内容，采取了和以前不一样的行为，才可能带来新的结果，才会发挥知识的价值。否则，听得再多，没有行动，我们和一个U盘有什么区别？U盘值多少钱？你值多少钱？

如果把课堂中老师讲的、同学分享的内容当作基数，即100%；被你听进去或者记下来的内容，可能只有1/4；你准备课后尝试应用的内容，可能只有1/16；真正采取行动的内容，可能只有1/64；3个月后还在坚持用的内容，更是少得可怜。

从知到行之间，每一步都有鸿沟。这中间每个环节，学习效果都在剧烈衰减。我听过一个著名培训师的课程，他在课程结束时，真诚地说："如果我这几天所讲的内容，能够让你有一点点触动，回去之后能有一点思维和行为上的改变，哪怕只有1%，我觉得已经值了。"当时觉得，这位大师要求怎么这么低，怎么只要带走1%？现在再想这句话，觉得能把1%用起来，已经很了不起。每次培训班，客户领导都会说"希望大家学以致用"。听起来很轻松，实际上很难做到。这就是第三个原因，学以致用的很少。

缺辅导

第四个原因，是缺少及时、有效和持续的辅导。道可顿悟，术需渐修。销售重在实践，技能需要修炼。

考过驾驶证的朋友都知道，启动、挂挡、打方向盘、坡起、曲线行驶、侧方位停车、倒车入库等内容，如果连续教，估计2天就能教完。其余时间学员在做什么？

答案是在反复练习，教练纠偏。

有位销售人员拜访过一家高尔夫球俱乐部，这家俱乐部的会员年费很贵。因为这家俱乐部培训周期很长，把每个动作拆解成若干个要点，反复训练。教练先讲给你听，然后做给你看；接下来你做给教练看，教练来纠偏；然后教练再做，你再看，反复练习，直到最后变成自动自发的反应。销售训练应该和打高尔夫球、开车一样，重点不是知识讲授和技能演示，而是需要反复训练，反馈纠偏。

很多培训，都是听听很激动，想想很感动，回去没行动，俗称“三动式”培训。

很多老师理论功底扎实，实战经验丰富，引导技巧娴熟，课堂氛围很好，学员积极参与，踊跃发言。学员在分享学习心得时，都表示要学以致用，大干一场。结果呢？回到工作岗位上，过了几个月，依然是外甥打灯笼——照舅（旧），思维和行动没有任何改变。有些人觉得是学员毅力不够，没有落地。

后来，我们跟踪了很多学员，发现学员被冤枉了。其实有不少学员，回去都有尝试，后来逐渐不用，这个过程分为三个阶段。第一阶段是在课堂上，有老师带教，有同学讨论，学习氛围浓厚，有问题能得到及时反馈，学员很容易参与进去，努力应用。第二阶段，刚回到工作中，虽然学习氛围没了，由于惯性还能保持一段时间。但是，周围的人都按照老套路做，如果应用中遇到了问题，没有及时解决，就会被周围的人同化，回到老套路上。更难的是第三个阶段——持续应用新方法。没有一套通用的理论，能够完全适用于任何一个组织，能够一帆风顺地推进。遇到挫折，产生了疑惑和困难，如果没有人及时答疑解惑，给予有效辅导，学员会产生畏难情绪，从而放弃。这是第四个原因，缺少及时有效的辅导。

难坚持

第五个原因是坚持不易。江山易改，禀性难移。所谓 21 天养成一个新习惯，不过是迎合了人们急功近利的心态。相比而言，一万小时定律，强调刻意练习，更符合实际情况。习惯的养成，本质是某种行为多次重复，在大脑内部形成了新的神经元关联，遇到类似情景，大脑直接调用程序，变成一种自动自发的反应。要实现这个目标，需要足够强大的动力，经过足够长时间的训练。

下面介绍我们的实践，如何破解这五个难题。

训战结合项目解决销售辅导难题

第一个难题，学得少。被动式学习效果差，所以我们把被动式学习改造为主动式学习。策略销售标准课程，以学员对抗和讨论、老师点评为核心；策略销售工作坊（workshop）环节，学员带着自己的实战项目到课堂，以大家练习为主。内训师回去要转训，内部实战教练要做辅导，都是以教促学，主动式学习。

第二个难题，忘得快。遗忘曲线倒过来，就成了记忆曲线。为了让大家记得更牢，我们会设计线上和线下分享机制，各团队定期分享对知识点的理解和实际应用心得，团队之间互相学习，不断复习。

第三个难题，用得少。为了让大家多应用，我们以两周为一个循环单元，分析项目形势，制订策略计划，定期检查执行效果，不断循环，强化应用。

第四个难题，缺辅导。我们为客户培养了两支精英队伍，内部实战教练队伍和内训师队伍。内部实战教练打单经验丰富，实践能力强；内训师对知识点熟悉，理论强。两支队伍从实践和理论方面，为各团队提供持续、及时的辅导。

第五个难题，难坚持。我们设计了积分制度、定期会议、团队 PK 等机制，帮助大家坚持下来。一个人可以走得很快，一群人可以走得更远。

我们结合吉尔伯特绩效模型，从环境因素和个人因素入手，克服以上难题，设计了训战结合项目。对于一家企业，和销售相关的核心能力有三个。第一是营销规划能力，即制订年度营销规划，动态跟踪执行情况，及时调整。第二是策略销售能力，定期分析复杂项目形势，制订推进策略。第三是拜访能力，高效准备，合作经营，赢得客户信任。三种能力对应的训战结合项目，分别叫“智胜 365”“赢单 Y90”“蝶变 Y23”。训战结合项目，以精品课程做方法导入，以在线工具固化成果，以实战辅导推动落地，最终帮助客户提升能力，改善绩效，支撑组织战略的实现。

只有这样，才能破解“培训无效”的难题，让大家从“知道”到“做好”，知行合一，直到最终养成一种新的工作习惯，成为自动化反应。如果这样做，能力提升与绩效改善就成了水到渠成的事。否则，学得再多，思维方式和行为习惯不发生改变，永远都是在纸上谈兵，不会有任何实质性帮助。

第三章　训战打造铁军

游击队与正规军

两种方式的销售例会

很多公司，每个月或季度都有一次例行的销售分析会议。营销部门的老大，甚至老板，都可能参加，逐一分析重点项目。

这种会议，只要看销售人员的坐姿和面部表情，基本上就能判断其业绩状况。昂头挺胸、满脸微笑者，业绩应该不错；低头缩脑、尽量回避领导目光者，估计业绩惨淡。

每个销售人员都会提前准备，精心设计汇报内容。经验丰富的老江湖，知道哪些话该说，哪些话不该说，哪些项目要添油加醋，哪些项目要一笔带过，哪些项目应该先藏起来。

很多公司的项目例会是这样开的。如果销管对项目情况比较了解，可能就简单问问“客户有多少预算？合同能签多大？什么时候签？今年能回多少款?”，然后过问下一个项目。

如果销管对某个项目很感兴趣，但销售又没说到重点上，销管就会主动发问。

下面这些问答场景，我们在客户现场经常听到。

销管问：“这个项目合同额有多大?”

销售回答：“上次我请采购经理吃饭，听说年初报了500万元预算。”

销售问：“有这么大?”

销售人员：“这是预算总数，我们是其中一部分。客户说了，只要方案好，钱不是问题。嗯，我估计再怎么样，也有一两百万元吧。”

销管问：“这项目什么时候能签合同?”

销售回答：“这个难说，主要看我们的技术人员什么时候能给客户一个满意的方案。老大，你不知道，我们已经给了三版方案，客户还不满意!”

销管问：“客户内部，谁支持我们?”

销售回答：“很多人都很支持我们。我上周还请客户采购部的王经理，一起吃烧烤、喝啤酒、看球赛呢。”

销管问：“这项目有什么风险?”

销售回答：“客户觉得我们的产品还行，只是价格比较贵。另外，听说竞争对手在攻关客户领导。竞争对手在这个项目上下了血本，请他们去考察一个样板项目。据说吃喝玩乐花了不少银子。”

销管问：“下一步，你打算怎么做?”

销售回答：“我们也赶紧安排客户去考察样板项目，所以要申请点业务招待费。报价方面，希望公司给个优惠政策，不然真没优势。另外，最好您也去拜访一下客户领导，只要搞定客户领导，肯定没问题……”

销管：“……”

求销管的心理阴影面积有多大。

问得越多，发现给自己揽的活越多。如果产品最好，价格最低，还出马帮销售搞定客户领导，那么，还需要这些销售干啥？

有些销管特别郁闷，表面上自己是领导，其实是给手下人打工。重要项目，到了关键时刻，心里不放心，最后还得自己上。

很多销售会议上都有类似问答，因为参会的每个人都有自己的套路。表面上是一个团队，实际上有人用刀，有人用剑，有人用棍。这样的销售团队，不管规模多大，业绩多好，都不是正规军，顶多是一群武林高手组成的游击队。

有一些公司经过一段时间的训练后，采用第二种方式开项目例会。

销管先看每个团队和个人的销售漏斗，然后挑选一些重点项目，请负责项目的销售介绍情况。

销售分四步来介绍。第一步：介绍客户和项目概况。大家听完，都明白了客户究竟要什么，我们是否有能力帮助客户实现其目标。第二步：介绍当下项目形势。例如“本周进入了方案阶段，客户比较着急，竞争对手有 A 和 B。主要竞争对手是 A，我们领先于竞争对手”。第三步：介绍项目关键人信息。影响决策的人有哪些人，每个人的角色、对项目的态度和支持程度、影响力大小、参与度高低、关注的组织结果和个人诉求等。第四步：使用项目组织结构图，直观展示我方优势和风险，介绍总体策略和防守路线，以及下一步计划重点拜访哪些人，分别达到什么目标，需要公司如何支持。

销管听完汇报，对销售人员说：“我记下来了，我帮你去协调……”然后进入下一个项目。

以上两种会议的区别，在于后者有统一的流程和方法。前者是一群武林高手组成的游击队，有可能每个人都身怀武林绝学，都有自己的独门兵器；后者是现代化军队，配备了机枪和大炮等武器，动作一致。

如果你的团队还在用第一种方式，建议实施训战结合项目。通过训战结合，能帮助客户打造这样一支步伐一致、上下同欲的销售正规军。

如何使组织的销售流程变得正规

有些客户会选择举行一两次培训，这可能远远不够。

曾经有一篇文章叫《培训落地是个坑》，引起较大反响。文章指出：培训需要落地，这是良好的愿望，但也可能是营销噱头；一旦作为要求，则参与者纷纷坠坑，最后甚至可能导致“商业欺诈”。围绕这一观点，参与讨论的人很多，各种观点差异很大，主要原因是角色不同。例如，作为企业管理者，大多强烈反对，认为培训如果不能落地，等于有投入没产出，钱打了水漂。作为职业培训师，觉得这篇文章很接地气。虽然明知落地很难，但为了接单，只能承诺落地。作为培训管理者，夹在中间很为难，培训结束后要找出各种“证据”，证明已经“有效落地”!

培训本质上是一种学习方式，有些企业把传统培训项目改造为“学习项目”，培训主管也成为“学习项目设计师”。

究竟什么是学习？

心理学大师、智力三元论的创始人罗伯特·斯滕伯格（Robert Sternberg）说，学习是由经验导致的有机体的行为、思想或情感的相对持久的改变。

因此，即便老师理论扎实、实战经验丰富、口才过人、金句不断、授课技巧娴熟，课堂氛围热烈，学员积极参与，企业和学员的满意度都很高，但是，如果学员参加培训前后的行为、思想或情感并没有产生明显改变，那么，这类培训依然收效甚微。

在企业里，一切不以学员进步为目的的培训都是瞎耽误工夫。

要想达到相对持久的改变，就要以终为始，基于战略和绩效目标，设定合理的总目标和落地衡量标准，将总目标分解为若干个子目标。如果将一个销售能力提升项目比作把卫星送往月球，那么培训只是其中的火箭启动环节。

产生改变并不容易

俗话说“江山易改，禀性难移”，要产生改变，确实不容易。

人的大脑内部有 1 000 多亿个神经元，共同控制人的行为。这个系统比地球上任何机器都复杂，而且这么多神经元，绝对不会对任何外部指令“言听计从”，因为没有人喜欢被别人操控。每个人都用自己的认知感知世界，都喜欢用自己的认知做决策。人人喜欢购买，但讨厌被推销、被忽悠。

课堂中讲理论或示范技能，不管老师讲得多全面，示范多精彩，它还是属于老师的。任何一个培训主题，你都能找到一堆世界级大师的经典书籍。如果看了就能掌握，不如直接给每个学员买本书籍，或者购买视频音频课程，既省钱又省时，岂不快哉？何必请老师到现场？

所以，江湖中有一句广为流传的毒鸡汤：你听过这么多道理，依然过不好这一生。同样，你听过这么多销售培训，依然做不好一个项目！

这是为什么呢？

我们通常说“听了某堂课或看了某本书，对我产生了巨大影响”，表面上看是对方教会了你，其实没这么简单。这个过程至少可以细分为四步：第一步，对方通过面授、教材或音视频等途径，给你传递了很多信息。第二步，你听了有共鸣，根据自己过往的经验，选择性地接受一小部分对自己有价值的信息，其他信息被屏蔽。这就是同一堂课听下来，每个学员的收获却大不一样的症结所在。第三步，你对接收的信息进行思考，从中挑选出一部分，考虑如何去行动。第四步，你付诸行动，产生了效果，这才感觉受益匪浅。

通俗理解，这四步其实就是我愿意听——我觉得有理——我愿意尝试——我试过有效。每个步骤的主观积极性都伴随着衰减，每次能保持30%就很了不起了。所以，如果你能从某本书或者某堂课中，学到并应用到1%，已经是收获巨大了。这个过程就是人的学习过程，认知心理学对其有过系统研究。

因此，课堂中，老师的核心工作并不只是讲授自己呕心沥血总结出来的知识和经验，更重要的是引导和启发学员进行富有成效的思考，在学员的心里播下改变的种子，并施肥浇水。因为学员不是机器人，不可能像使用U盘一样，把老师讲的内容拷贝进去就能应用。在被学员接收、消化和吸收之前，任何宝贵的知识和经验都只是茶余饭后的谈资，对学员不会产生实质性帮助。

持久的改变更不容易

有组织做过一个调查：有一批知道自己得了肺癌的患者，医生告诫他们绝对不能再吸烟。然而，真正戒烟成功的人，只有1/7。这说明，如果别人告诉你应该怎么做，光靠讲道理，是远远不够的，大部分人都坚持不下来，哪怕是人命关天！

人类历经数百万年的进化，才有了今天的大脑。大脑是一个超级复杂的控制中心，至少有三个结构不同、功能不同的区域。20世纪60年代，神经学家保罗·麦克里恩（Paul Maclean）提出了“三脑”学说：他认为人类有爬行脑（又称为行为脑）、古哺乳动物脑（又称为情感脑）、新脑（又称为认知脑）。

一个人积极的改变是认知、情感、行为三种力量长期相互作用的结果。

认知脑觉得这件事情做了有价值，值得尝试。行为脑知道如何去做，感觉不是太难，愿意尝试。做了之后，效果不错，得到了正面反馈，情感脑很有成就感，认知脑就会觉得自己的决定是对的，从而进入下一个循环……无数次循环之后，新的习惯便养成了。

要想让一个人产生改变，至少要启动两个脑区。而要想让一个人产生持久的改变，则三个脑区必须形成良性循环。循环过程中，任何一个环节出了问题，比如觉得没有价值和意义，做起来太难，做了没有收到积极反馈，都可能让一个人放弃。

所以，培训课程，仅仅是创造一个场域，让学员更容易产生改变。课堂中，老师只能帮助学员将他的经验和新知识相融合，产生一个新的"胎儿"。十月怀胎固然辛苦，但把孩子抚养长大更辛苦，需要投入的精力更多。所以，仅靠几天培训课程，就希望产生持久的落地效果，就好比要在短期内"制造"出一个新的成年人一样，并不现实。要产生持久的改变，需要通过训战结合项目。

训战结合七步法

如果你的销售过程有以下特点：客户多部门、多角色参与选型决策过程、客户有多方案可选择、多家厂商参与、金额较大、周期较长、变数多、过程复杂，就是典型的大客户复杂销售。

在大客户销售中，很多销售有以下困惑：

如何知道客户的真正需求是什么？

如何全面地找到影响决策的人？

如何避免接触没有决策权的人员？

如何应对真正影响决策的人？

如何有效使用销售资源？

如何应对反对我的关键角色？

如何面对突如其来的变化？

如何处理进退两难的项目？

如何发现存在的危险信号？

如何预防遭到竞争对手的暗算？

如何赢得客户的长期信任？

通过引入策略销售训战结合项目，既可以有效解决上述问题，又可以大幅提升销售团队的控单力。

策略销售的训战结合项目，从正式启动到结束，建议最短周期为90天，因此，被称为“赢单90天”，以下简称“Y90项目”。

Y90项目分为七个步骤（见图3-1），分别是项目准备、项目启动、标准课程、实战导入、教练培养、实战辅导、经验萃取。我们将介绍每个步骤的主要工作。

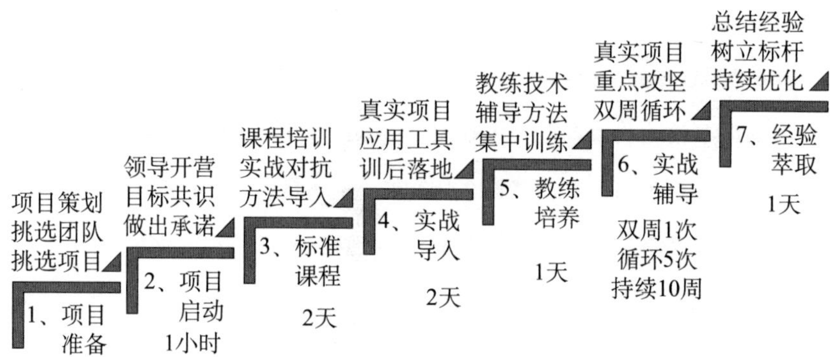

图3-1 训战结合七步骤

步骤一：项目准备

有人可能会问，不过是几次培训课，为什么要准备这么多内容？

如果认为 Y90 项目等于几次销售培训课，那么项目还没开始，就已经失败一半了。

Y90 项目是组织的一次销售变革。因为时代在变化，销售队伍必须要从“游击队”变成“正规军”。游击队和正规军的核心区别，在于有没有“标准化”。具体到 B2B 复杂销售领域，当我们遇到一个项目时，分析形势和制订下一步策略，有没有标准化的流程和方法？

如果每个人都凭感觉或者自己有一套方法，那么不管每个人功夫多强，是擅长少林拳法还是武当剑法，充其量不过是一支“江湖豪杰”组成的队伍，而不是正规军。

Y90 项目让团队每个人先把各种冷兵器放下，一起学习踢正步、瞄准、射击、开炮等基本动作，统一配备机枪大炮等现代化装备。

Y90 项目能让销售人员从单兵作战变成团队作战，从凭经验和感觉到借助系统和大数据，让希望渺茫的项目找到一线生机，让僵持的项目找到突破口，让进展缓慢的项目加速推进，让小需求衍生出大项目，让赢率逐步提升。

江山易改，禀性难移，要想改变销售人员原有的工作习惯，绝对不是一件容易的事情。我查询过一组数据，土星五号携带的总燃料是 2 726 吨，在启动后的 165 秒内，需要消耗 2 160 吨。也就是说，在最初的 3 分钟，要消耗总燃料的 80%，因为它要克服巨大的惯性。

人也一样，工作时间越久，惯性越大。销售做久了，都觉得自己身经百战，虽然不一定威震江湖，但都是伤痕累累。每个销售都自以为很牛，都有成功故事，因而很难轻易接受新思路。

由此可见，要促进人的改变，要确保项目的成功，必须要准备足够的启动燃料。训战结合项目中，最重要的燃料有三类：领导重视、运营机制、奖励制度。

主管销售的领导是否重视，对项目成效影响很大。我们观察过很多引入 Y90 项目的企业，发现一个规律。凡是领导特别重视的，项目最终效果都很好，能达到甚至超出预期；凡是领导不重视的，只是当作几次普通培训，很容易虎头蛇尾，最终不了了之。我们接触过很多销售培训，有相当一部分是听一听感动，想一想激动，热烈互动，课后一动不动。具体原因，前文已经分析过。

曾经有一家企业引入了 Y90 项目。企业主管销售的张副总在项目启动时宣布明确要求：今后各个总监来汇报大项目，都要按照一个统一的流程汇报。如果没按流程，张副总就按流程提问：客户为什么要改变？这个项目的单一销售目标是什么？目前形势如何？有哪些角色参与？他的结果和赢是什么？你们下一步行动计划是什么？需要哪些资源支持？

张副总把这些问清楚了，再去协调资源进行支援。经过梳理，项目关键信息一目了然，潜在风险也被提前识别，赢率逐步提高。由于张副总有要求，各个总监也都认真学习和实践。从总监、部门经理到销售人员，逐层落实，逐步建立了销售体系。

这个项目会持续 3 个月以上，需要精心设计运营机制。确定最重要的项目目标，营造比学赶超的氛围。

为试点团队争取各种资源，建立奖惩机制，激励越多，越有利于鼓舞团队的士气和斗志。

在项目筹备阶段，挑选试点团队是重点工作。面对改变，不同人有不同的态度。《高效能人士的执行 4 原则》（*The 4 Disciplines of Execution*）写道："任何一个成员众多的组织的表现，都会呈现下面这样的形态：20%的榜样人物、60%的潜在支持者、20%的抵制者。"

20%的榜样人物是积极分子，热爱学习，主动拥抱变化，愿意尝试新鲜事物，希望变得更好。60%的人是潜在支持者，项目开始阶段保持中立和观望。20%的抵制者比较消极，自我感觉良好，觉得与其改变，不如保持现状。

因此，不管企业规模如何，不建议全面展开，而是先做试点。理想状况是挑选出20%的积极分子，作为试点成员。如果人数不够，可以考虑动员60%的潜在支持者，吸引更多人加入。早期不要让20%的消极者加入，否则负面情绪会像瘟疫一样蔓延。

试点项目的挑选也非常重要。如果刚接触客户，了解信息太少，不建议成为试点项目；如果项目赢率很高，胜利在望，也不建议作为试点项目，否则成员参与度不高，影响效果。

步骤二：项目启动

很多人听过三个泥瓦匠的故事。三个泥瓦匠在砌着砖头。一个路人走来，问：你们在干啥？甲说：我在砌墙。乙说：我在挣钱养家。丙说：我在建造一座宏大的大厦。

一个人去做某件事情，可能有四种动力。

第一种动力可能是为了生计，可能是为了应对考核制度，也可能是为了获得物质奖励，从而“必须做”。这种状态下，大部分人是按部就班，做一天和尚撞一天钟，少部分是人在心不在。

第二种动力可能是来自组织给予自己的一些学习机会和发展空间，让自己具备了越来越多的能力，他们觉得自己“能够做”，完成任务会带来成就感。

第三种动力是感受到被认可、被尊重、被信任，他觉得自己付出之后有回报，有成就感，所以越来越“愿意做”。

第四种动力是他理解了做事的价值和意义，而且这些意义正是他所认同和向往的，所以他会带着激情与创意去做，积极主动，“渴望做”。

必须做、能够做、愿意做和渴望做，这四种动力，越往后越强大，越持久。

如果一件事情，悄无声息地开始，有没有效果也难以衡量，组织和领导都觉得这件事情无关紧要，过不了多久，最初的满腔热血都会慢慢冷却，最终便不了了之。

如果销售人员觉得组织和领导非常重视这件事情；这件事于公于私，都很有价值；在做的过程中，不断有人鼓励，稍有进步就有人表扬，他会越做越起劲，越有成就感。星星之火，可以燎原。

因此，举行一个项目启动仪式非常有必要。首先试点人员会意识到，组织和领导非常重视这件事情，他们肩负着从“游击队”向现代化军队转型的重任。

其次，启动会上有一个核心环节，是让每个团队宣布他们的目标，进行承诺。一旦目标公之于众，等于邀请所有人来监督。每个人都会维护自己的信誉，会尽全力去实现目标。

最后，启动会为他们搭建了一个大舞台，让他们成为“非常重要的角色”，获得组织的重视。领导重视、团队较劲、自己公布目标，都积蓄了能量。火箭有了足够的能量，才能克服地球引力，飞向太空。

步骤三：标准课程

标准课程是全班用同一个模拟案例，采用四阶段对抗的方式，导入“策略销售”知识点。标准课程之后是工作坊，每个试点团队带着自己的项目，用“策略销售”的分析流程，深入分析项目。

有些客户会认为，试点团队的成员都有多年销售经验，打过很多大单，实战经验非常丰富，有些成员还在销售管理层，没必要上标准课程，不如直接做工作坊。

在客户的坚持下，我们尝试过几次，但效果并不理想。

后来我们开始思考背后的原因。这群销售人员好比一支武林高手组成的游击队，每个人都有武功，有人擅长用刀，有人用剑，有人用棍，个人战斗力都很高。在这种情况下，如果我们直接给他们每人发一挺机枪，让他们参加下一场战斗，效果可能不理想。第一，这些人并不认为，机枪比刀、剑、棍更厉害。第二，他们可能不太会用机枪，不知道怎么瞄准和开火，甚至会把机枪当铁棍用。第三，如果使用效果不好，一般都不会认为自己有问题，只会认为机枪不行。不愿用、不会用、用不好，最终会否定一切。

有家客户在两个大区同步开始试点。其中一个先上标准课程，再做工作坊；另一个直接做工作坊，前者效果好于后者。该客户业务负责人事后总结说："策略销售好比一盘精美的食物。标准课程就是咀嚼的过程，工作坊是消化吸收的过程。如果没有咀嚼，直接把食物咽下去，吃得越多，越容易消化不良，甚至引起副作用。"

标准课程环节的案例，基于客户的业务场景定制，代入感很强。有两家供应商，全班分成多个组，每组相当于一家公司，大家共同抢一个大单。课程中先不讲解知识点，各组基于案例背景，先对抗一轮，制定推进策略。无形战场，各显神通，激烈拼杀。对抗结束了，老师再点评，各组从不同视角反馈，不管你多厉害，制订的计划自以为多么完美，对方都能找到突破口，都会给你一些启发。

第一轮对抗结束后，引出"识局"的三个核心问题。第一问：客户究竟要什么？第二问：我的位置在哪里？第三问：如何识别关键人？

第二轮对抗结束后，引出“拆局”的三个核心问题。第四问：客户如何评价我？第五问：究竟是谁说了算？第六问：客户到底想什么？

第三轮对抗结束后，又引出“布局”的三个核心问题。第七问：如何应对关键人？第八问：如何有效利用资源？第九问：面对竞争怎么办？

第四轮对抗结束时，大家已经有了套路，深刻理解了策略销售分析流程（见图3-2）。

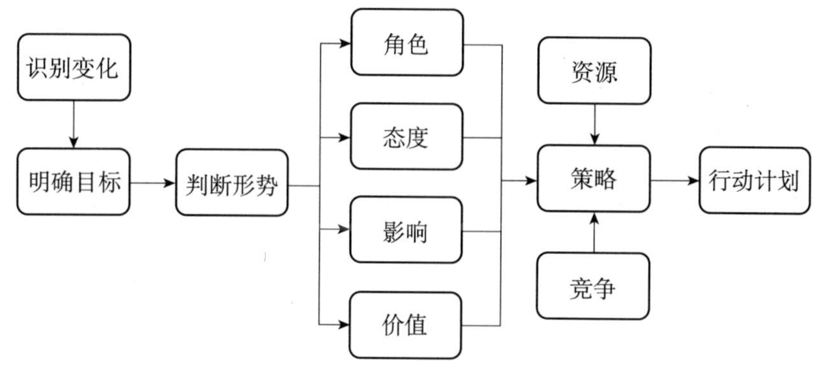

图3-2　策略销售分析流程

遇到一个项目，首先要识别变化，分析项目的单一销售目标，然后从项目阶段、客户紧迫程度和竞争形势这几方面给项目定位，判断项目温度；接着分析项目中影响决策的人有哪些、分别是什么角色、每个角色对项目的态度、对我们的支持程度、参与度高低、影响力大小以及关注的组织结果与个人赢。这些分析清楚了，再针对不同角色，制订不同的应对策略。为了达到目的，可能需要很多资源支持，包括人财物等。在制订计划的过程中，也要考虑竞争对手。

通过对抗和讲解，大家逐步意识到，虽然自己赢了很多项目，但回忆起来，有些项目赢得很侥幸，还存在很多潜在风险。其他同事的打法，也有值得自己学习的地方。销售不仅是艺术，还是科学，有章法，有逻辑，有结构。通过两天学习，大家会形成新的认知，当他们遇到一个项目的时候，就知道按照统一思路进行分析。

步骤四：实战导入

可能有些客户会有疑问，实战导入和标准课程的知识点一样，为什么要重复?

表面上看，工作坊和标准课程类似，实际上有四点不同。

第一，课程形式不同。标准课程是全班用一个标准案例对抗；在工作坊环节，是同步分析多个真实项目。工作坊不以个人为单位，而以团队为单位。如果是一个人分析一个项目，他便会沉浸在自己的思维里，没有讨论对象，听不到不同声音。一个团队研讨一个项目，大家从不同角度去思考，才能分析透彻。

第二，时间分配比例不一样。上标准课程，30%～40%的时间，学员在阅读案例和商量策略；20%的时间是老师在总结和点评，40%～50%的时间在讲解知识点。

工作坊环节，20%的时间复习知识点。40%～50%的时间，每个团队在思考和讨论各团队的项目，30%的时间是教练在辅导、反馈。教练会拿一些项目做示范，告诉大家哪些地方逻辑上有矛盾；哪些地方还需要进一步深化和完善；怎么做风险更低，更稳妥。

第三，角色不同。标准课程的角色是老师和学员，老师讲知识点比较多。工作坊中，学员是主角，老师是教练，主要工作就是引导大家练习，学以致用。

第四，学员收获不一样。在标准课程中，学员收获的是“应知”，知道了大项目分析的九个要素，以及一套方法、流程和逻辑。工作坊环节，学员收获的是如何“应用”，将理论应用到真实项目中，分析策略，制定计划。课程一结束，可以拿着这两天研讨的内容去见客户。通过这个过程，项目赢率得以提升。在工作坊环节，如果项目平均赢率提升1%，回报就很可观。

工作坊环节的主要内容是教练引导学员分析真实项目，基于策略销售分析流程，根据“变化、目标、形势、角色、策略、行动”的步骤，进行真实项目的标准化、流程化、逻辑化深度研讨，形成有效的推进策略和实用可行的双周行动计划。

相关内容，见本书第二部分。

步骤五：教练培养

有些企业希望提升销售能力，精心挑选了一些理论功底扎实、实战经验丰富的老师，这些老师讲的内容既有高度，又接地气，课堂氛围极好，学员积极参与，感觉收获很大，甚至有醍醐灌顶之感。有些企业除了课程理论讲解，还安排实战，通过在课堂模拟演练，或者去客户现场实战，让学员知道如何把理论应用于实践。

整个过程中，客户领导和学员满意度都很高。课程结束后，老师去服务其他客户。虽然企业要求学员继续做，但效果逐步打折，动静越来越小，逐步恢复原样。

之所以会这样，是因为每个人都有惯性。人的改变和送火箭上天一样，课堂上仅仅完成了火箭启动，还必须持续提供燃料，否则，迟早会因为惯性落下来。如果没有培养内部教练，当外部老师离开之后，就很难克服惯性，养成新习惯。所以，我们设计了教练培养这个环节，让企业实现内生造血，而不是依赖外部输血。

相对外部老师，内部管理者做教练，有以下优势。

第一，更熟悉自己所在的行业。外部老师要服务不同行业的客户，没有精力对某一行业进行特别深入的研究。

第二，更熟悉自己的企业和团队，知道他们最需要提升哪些能力。团队成员的能力和木桶一样，各块板长短不一。内部教练大多是销售管理者，与下属朝夕相处，更清楚每个人的能力短板，知道哪些能力亟须提升，可以给予更有针对性的帮助。

第三，及时反馈，及时鼓励，形成良性循环。如果试点团队应用新方法遇到了困难，内部教练能及时释疑解惑；如果取得了小成果，内部教练及时鼓励点赞，团队成员动力就会越来越强。如此一来，新的行为带来良好体验，从而更加认可新的方法。认知-行为-情感之间形成了良性循环，更容易成功。相反，如果遇到困惑无人解答、有进步无人加油，有效果无人认可，悄无声息，接受培训者很容易放弃。

第四，内部教练可以根据公司战略和重点工作，及时调整辅导重点。每个公司，不同阶段有不同的工作重点，内部教练更容易做到“上接战略，下接绩效”。

第五，成本更低。外部老师身价不菲，成本以每天数万计，而且时间需要预约，不可能随叫随到。相对而言，内部管理者做教练，只是尝试应用新的工作销售管理方式。虽然短期工作量有所增长，但长远来看，因为效能提升，工作量一定会下降。

所以，赢单罗盘鼓励客户自己培养内部教练，让管理者做内部实战教练。

每两周，内部实战教练应用罗盘工具和流程，辅导销售带领团队制定策略计划，应用辅导技巧优化策略和拜访计划。持续一段时间，就能统一内部语言、提升销售辅导效率。

内部实战教练培养，建议采用3＋N的方式。第一次，外部教练示范。

外部教练分享辅导流程、方法、工具和原理，以具体项目为例，示范如何开展辅导，内部实战教练观察学习，简称“我做，你看”。第二次，内部实战教练应用学到的方法和流程辅导自己的项目团队，外部教练观摩，给予内部实战教练反馈，总结优点以及改进建议，简称“你做，我看，点评”。第三次，结合之前辅导中出现的问题和易错点，外部教练再次示范辅导过程；内部实战教练再次观摩学习，提出自己的困惑，外部教练给予反馈，简称“我再做，你再看，点评”。内部实战教练辅导过几次后，定期召开会议，集中分享辅导心得，交流困惑，总结经验；进行结构化梳理和升华，结合企业实际情况，优化辅导方法，最终形成独特的销售辅导体系。

步骤六：实战辅导

双周实战环节是 Y90 项目的核心。标准课程是课堂，学习标准动作；工作坊是操场，理论用于实践；双周实战是战场，应用所学方法，逐步提升项目赢率。

有些销售人员表面上看很勤奋，频繁拜访客户，做了很多工作，实际上项目进展不大。战术勤奋无法弥补策略缺失。

我们分析了很多项目，发现一个普遍规律。处于早期或者停滞不前的项目，未知信息很多，缺少项目推动力。赢单的项目，优势很多，劣势和未知信息比较少；失败的项目，优势不多，劣势很多，未知信息也不少。

因此，我们隔两周就要分析一次项目，梳理当下的优势、劣势和未知信息。从这三项的变化情况，就可以知道一个项目是离赢单越来越近，还是风险越来越高。

双周实战环节，教练应用辅导流程，带领团队完成以下三个核心任务。

任务一：回顾上个双周“任务分工表”完成情况，通过“项目双周进展评估清单”扫描项目最近的变化，更新策略罗盘系统[①]。

任务二：结合“形势分析检查表”，对照策略罗盘系统，全面扫描，梳理出项目的优势、劣势和未知信息。

任务三：基于固强制弱的原则，制定下一个双周的推进策略和行动计划，录入策略罗盘系统。

步骤七：经验萃取

华为的创始人任正非先生非常重视培训，同时鼓励员工归纳和总结自己的实践经验。他说过一句十分经典的话，“企业最大的浪费，是经验的浪费”。越来越多的企业开始重视经验萃取。

例如，某公司华东地区有个销售，发现了一个商机，约到了项目关键人，但是不知道对方关注什么，准备材料没有思路。他不知道在西部地区有个销售人员，上个月刚见了一个类似项目的关键人，了解对方的关注点和自己的优势。华南地区有一个销售人员，手头的项目遇到了阻力，一筹莫展，不知道该如何推进的时候，他不知道在东北地区，曾经有个项目，也遇到了类似情况，当时用了“化整为零”的策略，终于改变了局面，拿下了项目。如果能够及时获取组织内其他人的经验，是否会事半功倍呢?

经验萃取有巨大价值。萃取对象大多是销售高手，萃取的过程，就是帮他们梳理出那些影响项目成败的关键要素，让成功从偶然变成必然，让优秀成为一种习惯。对于其他员工，当他们遇到困惑的时候，销售高手的工作经验无疑是他山之玉，可以让他们不用再重新摸索。对企业，这样做可以降低重复试错的成本，提升团队平均能力，将个人能力整合为组织能力，有利于复制和传承。

---

① 指大客户策略销售的 PC 端在线工具系统。

在 Y90 项目实施过程中，我们可以从以下维度进行萃取。

（1）动机和需求：客户遇到了什么变化？因为什么原因而改变？这是客户的个性化需求，还是行业的共性需求？哪些客户可能有类似需求？

（2）项目决策链：这个项目中有哪些人影响决策？这些人分别是什么角色？客户所在的行业，类似项目决策链是怎样的？

（3）角色分析：在不同阶段，这些人对项目的态度、对我方支持程度如何？每个人的影响力大小和参与度高低如何？每个人的关注点是什么？

（4）应对策略：针对不同的人，在不同阶段，我们采取了哪些应对策略？效果如何？如果可以重来，哪些地方可以优化？在什么情况下，适合采用这种应对策略？

（5）竞争分析：本项目中，竞争对手有哪些？客户觉得，和对手相比，我们的优势是什么？这些优势对客户意味着什么？面对竞争，我们是如何做的？

（6）项目价值：本项目为客户的组织创造了什么价值？为每个关键人带来了什么个人赢？

训战结合的核心环节：如何应用理论分析实际项目（工作坊）、内部实战教练培养和双周实战辅导，我们将在本书的第二部分讲解。

训战关键要素

富兰克林柯维公司的《高效能人士的执行 4 原则》中写道："在我们早期提供的高效执行 4 原则培训中，我们花了几天时间，将几十个领导从日常事务中拖出来，教给他们高效执行 4 原则的概念，他们也认为这些概念非常有用。然而每次培训结束之后，过一段时间，那些领导们都会表现出一些遗憾。这些经历迫使我们不得不接受这样的事实，接受一个理念和实施它完全不同。当我们的培训结束时，日常事务就在那里等着了。当你把培训落下的工作补上的时候，你对那些新概念的激情和冲劲可能已经被磨平了。”

为了解决这个问题，书中提出了三条重要建议：第一，任务必须作为一个流程来实施，而不是一个孤立行为。第二，要在一个完整的团队中实施。第三，必须由领队来组织实施。这三条是富兰克林柯维公司数千个项目的宝贵经验总结。训战结合项目，同样遵循这三个重要原则。

首先，训战结合项目有一个完整的流程，不是几次孤立的培训课程；其次，训战结合项目需要多个试点团队同步实施，营造一种内部 PK 氛围；最后，训战结合项目必须由领导来组织实施。

当你设计了很好的项目方案，已经成功了一半，剩下的一半是执行。执行力最大的敌人是谁?《高效能人士的执行 4 原则》中写道：“执行力真正的敌人是你的日常事务!”

日常事务通常看起来都“很紧急”，甚至“很重要”，它们每一分每一秒都在催促着你和那些为你工作的人。虽然你制定的各种目标很重要，但是一旦日常事务和重要的事情发生冲突，90%以上的情况，都是日常事务取得胜利。重要的目标都需要你做一些新事务，这些新事务往往和原有的日常事务发生冲突，由此而产生的紧急事务会消耗你大量的时间和精力。

所以，每到年终岁末，朋友圈里有个段子都会重出江湖。最新版本是这样的：我 2018 年的目标，就是完成 2017 年定的那些计划，这些其实是原定于 2016 年完成的。不为别的，只为兑现我 2015 年时说的，要完成的 2014 年计划的诺言。之所以会这样，就是因为忙于日常事务，每次制定的宏伟计划都难以落地。

为了避免项目无法落地，无法达成预期目标，我们结合高效能人士的执行 4 原则（见图 3－3），给 Y90 项目设计者 4 个建议。

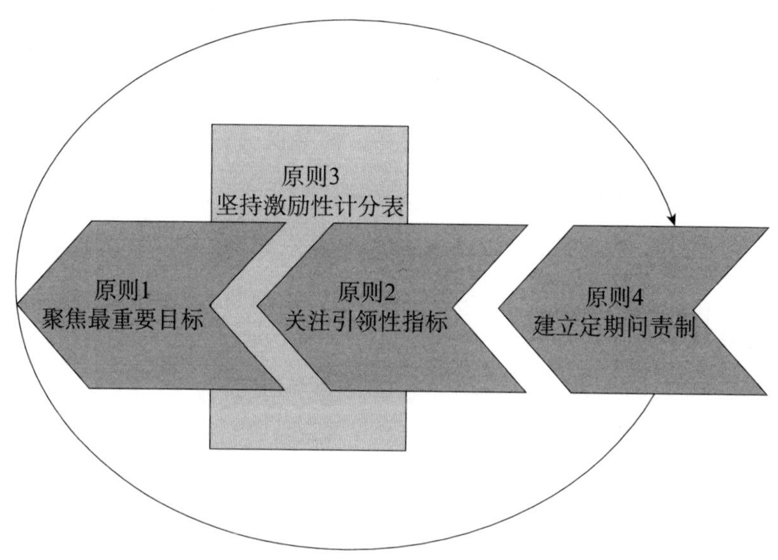

图 3－3 高效能人士的执行 4 原则

第一个建议：首先明确项目的最重要目标。一个人想做的越多，确定的目标越多，他最终能完成的越少。如果你确定了 2～3 个目标，最终有可能全部实现。如果确定了 4～10 个目标，能完成 1～2 个就很了不起。可悲之处在于，最终完成的 1～2 个，有可能是比较容易完成但从长远来看意义不大的目标。

销售能力提升是个世界级难题。在《99%的销售指标都用错了》（*Cracking the Sales Management Code*）一书中，作者及其同事与销售教育协会一起，通过问卷调查的形式，找到了被销售组织使用的 306 个“衡量指标”。在如何确定最重要的销售目标方面，这本书值得参考。

引入 Y90 项目时，每个组织要结合自身情况，首先确定 1～2 个最重要目标。

第二个建议：找准引领性指标，过程中持续关注。指标分为两类：滞后性指标和引领性指标。

例如，某个人要减肥，确定的最重要目标是“在 3 个月内，将体重从 190 斤减到 175 斤”。为了实现目标，需要设置一些控制过程的指标。第一种指标，每个月体重减轻 5 斤。大部分人都是这么分解的，结果是每到月底才发现，这次减肥计划又失败了。这种指标是滞后性指标。滞后性指标是告诉你是否完成了目标，也就是指那些为了达到最终目标而设置的跟踪性指标。这种指标并不能改变什么，因为你在得到这些数据的时候，所有事情已经发生了，无可挽回。大客户销售中，业务结果指标属于滞后性指标，例如销售收入、利润、增长率、客户数量、客户满意度、市场份额等。

第二种指标，每天摄入总热量不高于 X 卡路里，每天步行不少于 Y 步，每天记录完成情况。这种指标是引领性指标，和滞后性指标相比，它们可以预告结果。引领性指标有两个显著特征，第一，它具有预见性。这意味着一旦某个引领性指标发生了变化，你就可以推断出滞后性指标会发生什么变化。第二，它是可控的，可以被你的团队所影响。这意味着，你们可以依靠自己的力量促使引领性指标发生变化。

大客户销售中，找准引领性指标不是一件容易的事情。在《99%的销售指标都用错了》一书中，作者将销售管理核心分为三层，分别是业务结果、销售管控和销售活动。我们结合多年本土实践，提炼了三类关键指标（见图 3-4）。

这三类指标中，销售活动［例如客户拜访（拜访计划利用率、平均谈话时长）、机会管理（计划完成率、机会分析比例）、客户管理（客户计划完成率、客户互动率）、区域管理（人均线索量、人均访问量/比）等］更

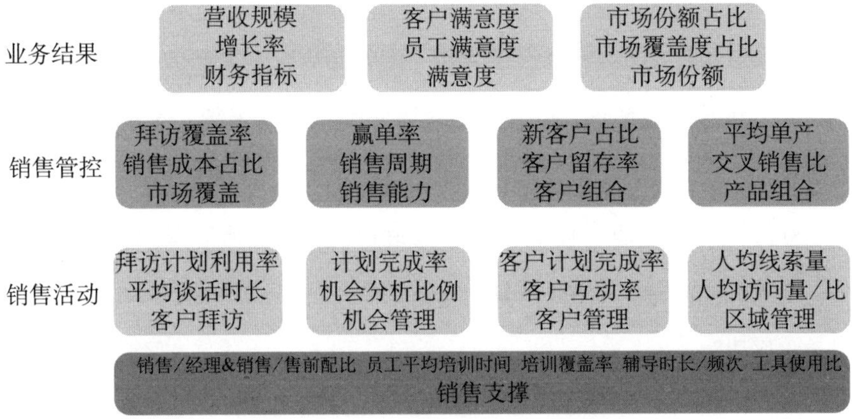

业务结果	营收规模 增长率 财务指标	客户满意度 员工满意度 满意度	市场份额占比 市场覆盖度占比 市场份额	
销售管控	拜访覆盖率 销售成本占比 市场覆盖	赢单率 销售周期 销售能力	新客户占比 客户留存率 客户组合	平均单产 交叉销售比 产品组合
销售活动	拜访计划利用率 平均谈话时长 客户拜访	计划完成率 机会分析比例 机会管理	客户计划完成率 客户互动率 客户管理	人均线索量 人均访问量/比 区域管理

销售/经理&销售/售前配比 员工平均培训时间 培训覆盖率 辅导时长/频次 工具使用比

销售支撑

图 3-4 大客户销售的三类关键指标

适合成为引领性指标。每个客户情况不同，可能要设置不同的引领性指标。只要把这些指标做到位，业务结果也就水到渠成。

传统思维都是紧盯滞后性目标，而忽略了具有预见性、可控性的引领性指标。很多讲执行的书，更侧重于结果，实际上是关注滞后性指标，乃至最终目标达成情况，而忽略了在过程中可控的引领性指标。所以，我们更应该关注过程，重点找准过程中那些起着杠杆作用的指标——引领性指标，才能四两拨千斤，达成预期结果。

第三个建议：设计激励性计分表，营造比赛氛围。引领性指标完成情况如何、阶段内进展如何、各个团队和个人得分排名情况等，可以通过计分表体现出来。很多客户也在使用计分表，主要作用是统计，上报给领导，记录的多是滞后性指标。《高效能人士的执行 4 原则》中把这类计分表称为教练型计分表。这种计分表，对团队起不到任何正面激励，甚至可能有负面作用。

书中提出了与之对应的另一种计分表——选手型计分表。这种计分表，主要是呈现给团队每一个成员，以引领性指标为主、用于追踪团队每周、每月完成指标情况。指标简单明了，计分表摆放在显眼位置，可以看到每个阶段的对比。每个参与项目的人，一眼就能从表中看出自己和团队的得分情况、和其他团队的 PK 胜负，对团队和每个人来说，都能做到心中有数。

好的计分表有四个标准：（1）它是否简单？（2）它是否显而易见？（3）它展示的是引领性指标还是滞后性指标？（4）能否一眼从计分表中看出是否成功？

第四个建议：建立规律问责制，定期召开最重要目标会议。这是对前三项的追踪、总结及改善。具体而言，就是要建立召开最重要目标会议的习惯。最重要目标会议不同于我们日常所召开的会议，书中给出了明确的要求：（1）固定在每周同一天同一个时间召开，长此以往，久而久之，形成一种日常习惯。（2）坚决不要把日常事务带到会议中来。这一点非常关键，也是很多团队容易犯的错误，一旦其他议题进来，一方面时间会拖延，更重要的是，大家慢慢地会忘记最重要目标，最终不了了之。（3）时间控制在20～30 分钟内，在此时间内，集中精力，只讨论最重要目标会议的议题。

最重要目标会议的三个议题是：（1）问责：简要汇报上次制定的工作计划完成情况，若未完成，需要简单说明偏差。（2）回顾计分表：总结滞后性指标和引领性指标的完成情况，是否在预期范围内，对项目有何影响。（3）做出下一周的工作计划：接下来将完成哪些重要工作。每一项工作计划必须满足两个标准：第一，每一项计划必须具备一个特定的结果，这样才会逼迫你对结果负责，否则很容易被日常事务耽搁。第二，计划必须能够影响引领性指标。如果计划的工作不能带动引领性指标前进的话，它对团队最终达到最重要目标就缺乏意义。

以上四条是一套操作系统，是有机结合在一起的整体，而非几个独立选项。尽管其中每一条都有其价值，但是它们最强大的威力还是来自互相配合的协同工作。每一条都为下一条打下了基础，离开其中任何一条都会使它们的效果大打折扣。

第二部分

策略销售实战应用

第四章　分析目标形势

在训战项目实施过程中，我们建议销售人员先集中学习“策略销售”标准课程，这样有助于提升落地效果。通过四轮对抗和九个核心问题，销售人员会发现，原来销售不仅是艺术，也是一门科学，一个项目竟然可以分析得这么透彻！大项目销售必须要学会识势、借势和造势，顺势而为，以前的做法是把石头从山脚往山顶推，逆势而为，难怪做得这么累。

标准课程学习完，接下来进入实战项目导入工作坊。工作坊是训战结合的关键环节，承上启下。标准课程好比在驾校学习每个分解动作；工作坊好比路面考试，只有这个环节做到位，才能培养一个合格的新司机，而不是一个马路杀手。

在实战工作坊中，老师的角色不是讲师，而是销售教练。讲师的重点是教销售人员新知识，而教练是帮助他们如何应用所学知识，分析实际项目。知识在被应用之前，只是一个美丽的传说。

销售人员有自身的优势，更懂行业、懂客户、懂产品和方案。销售教练的优势在深度和宽度。一方面，这些销售教练有多年销售经验，曾给对手挖过很多坑，也曾掉进对手挖的坑里；另一方面，销售教练辅导过多个行业，了解不同行业的打法，可以互相借鉴，给出建议，帮助销售人员发现更多可能性。

接下来我们将详细介绍实战工作坊的内容。读者也可以选择一个或数个正在跟进的项目，按照策略销售分析流程，按照书中步骤，制订精准有效的项目推进策略和计划。

在实战工作坊中，参训者能得到的不仅是鱼，透彻分析某一个具体项目，还可以得到捕鱼的方法。

在移动互联网时代，我们缺少知识吗？如果你知道自己缺少什么，只要打开手机，就能搜寻到各种知识。遗憾的是，大部分知识都是零碎的、杂乱的。你学了很多，就像积累一堆砖头、沙子、水泥，只有通过结构化、逻辑化和流程化，才可以把这些变成高楼大厦。实战工作坊，就是用这些材料盖房子的过程。

我们将基于策略销售应用流程（见图 4－1），通过 5 个步骤 12 个任务，

步骤一：分析目标形势	步骤二：分析关键角色	步骤三：初定应对策略	步骤四：形势分析检查	步骤五：优化策略计划
任务1：明确单一销售目标	任务3：识别关键人	任务7：应对关键角色	任务9：形势检查	任务11：优化策略
任务2：形势判断	任务4：反馈支持	任务8：资源配置	任务10：优劣势和未知清单	任务12：制定双周行动计划
	任务5：参与影响			
	任务6：组织结果和个人赢			
作业表一：目标形势分析	作业表二：关键角色分析	作业表三：初定应对策略	作业表四：分析优劣未知	作业表五：制定行动计划

图 4－1　策略销售应用流程

分析真实项目，根据“目标、形势、角色、策略、行动”的顺序，深度研讨，最终形成有效的推进策略，和实用可行的双周行动计划。

一个复杂的项目，好比一次长途赛跑。要想赢得比赛，首先要明确终点，否则容易南辕北辙。很多销售遇到了“商机”，听说客户说有需求，就容易兴奋，开始频繁拜访客户，做调研、出方案、邀请客户参观，报价，该做的都做了，但是客户那边没啥动静。静下心来分析，才发现这些“需求”都是自己臆想的，并不全是客户真实的需求。

VUCA时代充满了变化，客户身处充满竞争和不确定的环境中，需要随时应对各种变化，环境让客户变得更加敏感。有可能过了几天，由于某些事件的发生，同一个人的潜在需求已经悄然发生了变化，或者之前已经确认过的需求已经改变。因此，每次分析项目时，都要先分析本项目的单一销售目标（Single Sales Objective，以下简称SSO）。接下来我们将开始任务1，明确SSO。

任务1：明确SSO

在本任务中，我们将分析如何从销售视角和客户视角思考项目的SSO。我们将总结实战过程中的常见问题并给出建议。读者可以应用这些知识点，选择一些正在跟进的项目，用实战练习工具分析项目的SSO。

知识点

复杂销售中的“销售目标”分为广义和狭义。从广义上讲，销售目标是指，通过销售和帮助客户采购的过程所实现的双方有形的和无形的价值。从狭义上讲，销售目标的显性结果，就是提供满足客户真正需要的产品与解决方案。以下分析，均指某个项目的SSO。

为什么要先分析SSO?

因为后面所有的分析，都是基于某一个 SSO。如果 SSO 变了，形势、角色和推进策略都会随之变化。SSO 是一栋楼的地基，是一个项目的定盘星。

明确 SSO 时要考虑六个要素，分别是客户需求与我们的产品服务方案相关、信息清晰具体、使用人员明确、应用目标明确、预算明确、有具体的时间计划。我们需要逐一问自己，并且区分这是我们的猜测，还是已经和客户确认。

(1) 客户需求与我们的产品服务方案相关吗？例如，客户某项目的总预算为 300 万元，但和我们的产品直接相关的预算只有 100 万元，我们应该按 100 万元的项目来配置销售资源。

(2) 信息清晰具体吗？所有和 SSO 有关的信息，避免使用“估计”“大概”“可能”“也许”等模糊字眼，要尽可能地清晰具体，否则就当作未知信息，逐一和客户确认。

(3) 使用人员明确吗？客户这次采购的产品，是给哪个部门、哪些人使用？只有找准了使用部门和使用者，才能深入了解客户的业务需求，了解他们的目标和期望。

(4) 应用目标明确吗？客户购买产品，希望如何应用？期望达到什么目标？我们的产品或服务方案，能实现他们的目标吗？

(5) 有明确的预算吗？客户内部项目正式立项了吗？还是先做调研，然后再申请立项，争取资金？有多少预算？有些事业单位和大型集团客户，每年下半年就会确定第二年预算。如果这个项目去年没有立项，又不是火烧眉毛，极有可能今年立项明年再启动。

(6) 有具体的时间计划吗？客户计划在什么时候完成采购？为什么是这个时限？如果逾期，对客户有何影响？一个月就要签订合同的项目和半年后才准备采购的项目，形势不同，应对策略也不同。

SSO 的表达方式：我们将在何时卖多少数量的什么产品给谁以实现多少收入。这种表达方式是谁的视角？答案是销售视角，卖东西的视角。如果从客户视角呢？可能还要思考更多内容。

先看目标形成逻辑图（见图 4－2）的右下方。客户感受到环境的变化，比如政治、经济、竞争、其客户需求的变化等。这些变化会引起客户情绪的变化，让客户开始思考，要不要做出改变。如果刺激不够强烈，很少有客户会马上做出决定。他可能会思考，为什么一定要改变？因为任何硬币都有两面，改变虽然可能带来收益，但也需要投入，也存在风险。

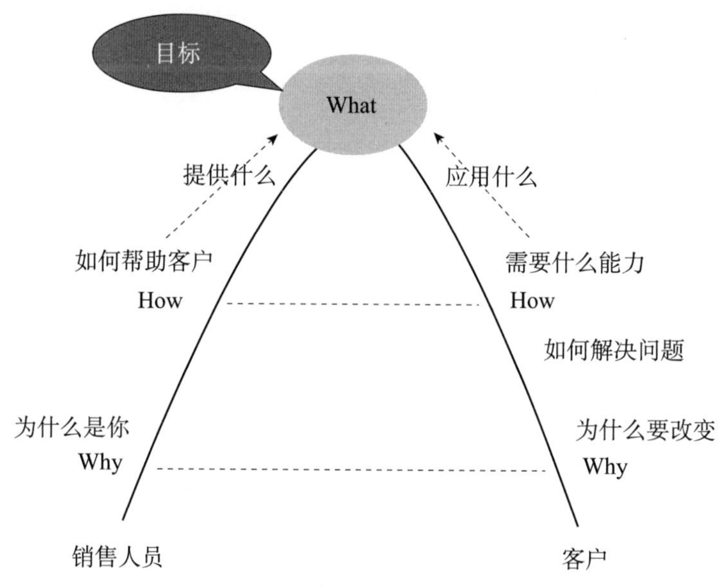

图 4－2　目标形成逻辑

这个过程有可能很漫长，在这个阶段，客户仅有潜在需求，但他自己还没有意识到。客户不断地感受这些变化，直到某一天，量变积累成质变，或者某件事情触动了他，让他下定决心要改变。直到这个时候，客户才形成了动机，项目才在客户心中“立项”。

有些销售人员经常遇到这样一种情况，客户刚开始很有兴趣，很主动，后来谈着谈着就没动静了。出现这种情况，极有可能是我们没去深挖客户的“Why”，不清楚是什么原因导致客户改变。变化是动机的源头，这种变化带给客户的感受，比变化本身还重要。当刺激减弱，或者有新变化，客户的动机会减弱或者改变。时过境迁，我们还盯着以前的动机，就等于刻舟求剑。

近两年，出现了一种电脑病毒——勒索病毒，它毁掉了很多数据。我曾经和一些做网络安全、云存储的公司交流，他们说这个事件的发生，会推动企业从自建机房到使用云端的进程。因为云端的网络安全技术、防攻击手段、维护安全的团队，都比客户自建机房要强很多。

外界的变化，可能给客户带来难得的发展机遇，也可能带来威胁和挑战。客户为了抓住机遇化解挑战，会思考如何改变。为了实现他的战略目标，现实中有什么障碍？他要解决哪些问题？他需要哪些能力？在这个阶段，客户在思考“How”。

客户把这些想清楚了，才会形成具体的销售目标。购买多少数量的产品，给哪些部门使用，解决哪些问题，最终实现哪些目标，这些是我们看到的“What”。

你看到的是水面上的What？还是水面以下的How和Why？这个决定了能卖什么，决定了客户怎么看待你，决定了你们之间的合作关系。如果你看到的是客户需要的产品和服务，在客户眼里你就是一个普通供应商。如果你看到了客户要实现什么目标、现状和目标之间的差距，以及需要的能力，那么你可以向客户卖解决方案。如果你思考得更深入，先洞察客户所在行业的趋势，分析客户的应对战略，你有可能向客户卖整体解决方案，有机会成为客户的顾问和合作伙伴。

从客户视角分析 SSO，可以这样总结：客户因为遇到了什么变化，需要具备哪些能力，将在何时买多少数量的什么，给谁使用，以实现什么目标。

手机扫描二维码后，你将看到“明确 SSO”的视频课程讲解。

实战练习

- 如果是团队练习，每人写一个项目即可。
- 如果是个人练习，此处可以写两到三个项目。
- 分析每一个项目的 SSO，填写各要素。
- 如果有些要素尚不明确，可以先预测并备注“?”，后期尽快了解。
- 把你的答案记录在表 4-1 中。

表 4-1　　单一销售目标

客户名称		所在行业	
使用部门		产品或服务	
数量		预计合同金额	
预计成交时间		预计直接收入	
		预计拉动收入	

常见问题

在分析项目的 SSO 的过程中，很多销售发现，客户遇到了什么变化，为什么要改变，以及客户希望如何改变，这些方面并不清晰。之前，我们更多地关注客户的 What，而没有思考客户的 Why 和 How。我们总结了此环节的常见问题，供你参考。

问题 1：混淆了“客户”和“项目”

有个团体在分析时，客户名称和使用部门，都写了××政府。

教练问：“你们的分析对象究竟是项目，还是客户？”

有人回答：“这两个是一样的，这个客户就这一个项目。”

教练问：“这个客户是暂时只有这个项目，还是永远都只有这一个项目？”

有人回答：“应该说暂时只有这个，我们肯定不想做一锤子买卖，如果以后没有后续项目，这个客户不值得我们投入这么多精力。”

教练说：“是啊，客户和项目，是鱼塘和鱼的关系。当我们说和××政府关系不错，是指客户经营层面。对于战略客户，我们有没有帮助客户做过三年规划？未来三年，对和我们相关的板块，客户要做什么？我们怎么配合他？

“我以前所在的单位，每年和很多客户签战略合作框架协议。但是大部分客户都没有具体项目落地，战略协议成了空中楼阁。客户经营是以‘经营策略’为基础，关注客户长期经营潜力和价值，基于客户战略制定业务计划，从而持续衍生多个项目。销售以‘单子’即‘项目’为目标，关注机会质量与决策流程，是客户经营策略的落地执行，是促进客户关系的重要手段，也是明确具体销售目标的关键，销售角色和决策流程是由 SSO 决定的。因此，我们要从大客户总体经营策略开始布局，通过具体合作项目巩固合作关系，通过 SSO 实现当期收入。区分每一个客户和每一个项目的价值，才能使公司经营资源得以最有效地使用，才不会‘大炮打蚊子’，或者‘捡了芝麻丢了西瓜’。

“因此，一个客户没价值，不代表这个项目不去做。一个项目丢了，不代表就失去了这个客户。有时候，放弃一个项目也能赢得客户。

“给大家分享一个真实的故事。有一次我们在北京举办市场活动，先找到经常合作的酒店，酒店觉得我们需求多，要加价。于是我们找了另一家酒店沟通，很快签订了合同。结果，新合作的酒店超级不靠谱，前期答应的很多服务内容都没兑现，影响了活动效果，让我们非常被动。会议结束后，该酒店的销售经理让我们提意见，我们的销售总监笑着说‘没任何意见’。回到公司后，总监和负责挑选酒店的同事说：‘我对他们已经彻底失望，以后不会再合作，干吗还要浪费力气提意见？’从这次会议之后，我们只要在北京有活动，都找以前那家酒店。表面上看，他们曾经丢掉了一个项目，但却赢得了一个铁杆客户。”

问题 2：没有找到真正的使用部门

有个团队在分析使用部门时，写的是“医院信息中心”。

教练问：“他们是真正的使用者吗？”

有人回答：“是的，这个是数据存储项目。以前他们自建机房，现在想让他们把数据存到云端。”

教练接着问：“这个数据中心里，存的是哪些部门的数据？哪些部门的数据量最大？是什么原因让客户考虑要把数据存到云端呢？”

有人回答：“存的是影像科、住院部、门诊部等部门的数据，数据量最大的是影像科。因为现在影像数据越来越多，医院机房已经存不下，所以考虑存在云端。”

教练接着问：“所以，表面上是信息中心的人提出各种需求，实际上是业务部门提出了需求，他们只是转达业务部门的需求。影像科是否更有可能是使用部门？

“类似情况比较多，例如有个企业为教育局开发了一个信息化平台，真正的使用部门不是教育局信息中心，而是教育局的某些科室、下属学校、老师、学生、家长，甚至还有一些商业教育机构。只有找到真正的使用部门，才能找到需求源头。”

问题 3：预计成交时间不合理

有个团队的项目金额写的是 500 万元，成交时间是 2 个月后。

教练问：“到时候能签合同吗？”

有人回答：“如果顺利的话，差不多。上次客户领导说很快要定下来。”

教练问：“这个项目，金额不小，需要走公开招投标流程吗？”

有人回答：“应该要，现在大家都越来越谨慎，都走招投标。”

教练接着问：“现在挂网了吗？”

有人回答：“没有，标书都还没完全定。”

教练说：“我以前经手过很多招投标项目。招标文件起草后，还有修改、评审、签报流程，然后才是挂网公示、评标、中标公示等流程，这些都要时间，你们和客户确认过吗？”

这次回答很整齐，都说：“没有。”

教练接着问：“如果你是客户，为什么一定要在这个时间节点之前敲定项目？如果延期，对客户有什么影响？”

有人回答：“影响是有的，会影响他们的另外两个项目。”

教练说：“既然是这样，尝试和客户一起，倒排时间表，提醒客户在每个时间段需要完成哪些关键任务。以终为始，推动项目往前走，也是一种策略。”

问题 4：SSO 是否会变化

很多参训人员在实战工作坊中会问一个问题：“一个项目的 SSO 是否会有变化？”

教练回答："根据我们的经验来看，变化的可能性很大。项目早期，客户可能只有一个朦朦胧胧的想法，随着和多家供应商交流、调研、看方案、参观样板客户，项目的SSO逐渐清晰。SSO形成的过程，也是客户的购买逻辑形成的过程。客户处在一个变化的环境中，各种变化促使客户形成了购买动机。各家供应商的行动也是一种变化，也可能会影响SSO。项目早期，SSO不清晰很正常，太清晰不一定是好事。因为客户自己完全想清楚'Why、How和What'的不多，很多都是你或者你的对手引导的。"

教练接着问："你们觉得，SSO如果变化了，是好事还是坏事？"

有人回答："这个不好说，有可能是好事，也可能是坏事，要看具体情况。"

教练说："的确如此。在复杂销售中，销售高手可能通过改变SSO，改变整个项目的形势。

"例如，我曾经遇到一个项目，我们进入太晚，明显处于劣势。后来，我们想办法扩大了需求范围，引入新的关键人，改变了项目SSO，让项目又重新回到意向阶段。

"再例如，我曾经遇到一个项目，金额很大。由于项目涉及部门太多，项目范围不明确，客户需求不清晰，决策流程非常长，推动起来很吃力。我们后来决定主动改变SSO，先找到一个突破口，帮客户解决了一个最急迫、也是我们最有优势的需求。通过这个小项目，撬动了大项目。"

本节要点回顾

（1）SSO是项目的定盘星。

（2）SSO有六个要素：客户需求与我们的产品服务方案相关、信息清晰具体、使用人员明确、应用目标明确、有明确的预算、有具体的时间计划。

（3）销售视角：将在何时卖多少数量的什么给谁以实现多少收入。

（4）客户视角：客户因为遇到了什么变化，需要具备哪些能力，将在何时买多少数量的什么，给谁使用，以实现什么目标。

（5）客户和项目两者要区分，客户经营侧重于长期经营潜力和价值；项目侧重于机会质量与决策流程。我们可以从客户经营策略开始布局，通过具体项目巩固合作关系。

（6）真正的使用部门，才是业务需求的源头，需要和他们深度沟通业务需求。

（7）SSO 形成的过程，也是客户的购买逻辑形成的过程。SSO 可能随着项目推进，逐步清晰。

（8）如果项目 SSO 发生了较大变化，项目所处阶段也会改变。

任务 2：形势判断

很多销售人员很忙，忙着找商机、拜访客户、安排调研、出方案、讲解方案、安排客户参观样板等。其实很多时候，销售人员都是凭经验做决定和采取行动。这些真的是现阶段必须要做吗？是客户期望我们做的事情吗？真的能有效推动项目吗？答案是未必。

因此，在明确 SSO 之后，不要急于行动，应该先给项目定位，弄清楚此时此刻项目在什么位置，然后思考可能的赢单路径，以终为始，采取行动。

在本任务中，我们将通过项目所处阶段、客户紧迫程度和竞争态势三个维度，判断项目的形势；通过项目温度计判断项目温度。我们总结了此任务中经常出现的问题，您可以应用这些知识点，选择一些正在跟进的项目，用实战练习工具判断形势和温度。

知识点

项目形势分为客观判断和主观判断。客观判断有三个维度，分别是项目所处阶段、客户紧迫程度和竞争态势。

第一个维度是项目所处阶段。现在处在什么样的阶段？何以证明？

销售阶段和销售漏斗直接相关。销售漏斗是一个重要的、有效的销售管理模型。IBM、西门子、微软、甲骨文、SAP 等企业，都有自己的销售漏斗。每个公司，根据自身业务特点，划分了不同阶段，以及每个阶段的赢率。有些公司会进一步细化，定义不同阶段客户的采购动作、销售人员应该开展的工作、可以调用的销售资源等，指导销售人员推动项目，直至成交。

在策略销售中，我们将项目分为四个阶段，分别是意向阶段、方案阶段、商务阶段和成交阶段。意向阶段是指客户有实现目标、解决问题的动机或意向；方案阶段是指客户开始梳理需求、评估和优化方案；商务阶段是指客户研讨实施计划，明确投资回报及风险；成交阶段是指客户即将做出最终决策。

第二个维度是客户紧迫程度。客户紧急吗？是正在做、着手引入，还是以后再说？我们将客户紧迫程度分为四类：紧急、正在做、着手引入和以后再说。

紧急：客户有内在或外在的压力，很急迫地希望达成目标或改变现状，希望尽快完成采购并付诸实施。这种情况下，客户会聚焦关键需求，尽快开展采购。

正在做：项目正在按部就班进行，一切都按时间或计划符合常理地开展着，没有太多外在压力和时间限制，同时客户相关人员已经形成了明确动机或明确需求，已经认识到这件事情的重要性和必要性。

着手引入：项目刚刚开始导入，或许只是少部分人“先知先觉”，需要更多的人参与进来。或许需要使需求更清晰、使更多人坚定信心，推动立项或流程向前进行。

以后再说：项目或许已经热火朝天过了，或许刚露尖尖角，但因种种原因遭到延期或否决。这种情况下，需要了解客户内部更多人的想法，是保持观望，还是全力争取重新启动这个项目，销售人员应结合总体策略和自己销售漏斗中的项目数量和质量决定是否跟进。

第三个维度是竞争态势。竞争对手是谁？和主要竞争对手比，我们是领先还是落后？为了制定有效的策略，我们把竞争态势分为四类：劣势、平手、优势、单一竞争。

劣势：我们在这个项目的竞争中有很多不利的因素。可能是我们还没有掌握客户的购买动机或关键需求，而竞争对手已找到，对手的方案已经赢得了客户关键人的认可；我们的方案针对客户的需求有明显的缺陷，可能是客户的某个关键人支持对手而对我们做出负面的评价，或者支持我们的关键人处于内部斗争的下风等，总之竞争对手已遥遥领先。这些因素都会影响项目走势，如果照此发展下去将有一个可怕的结果，我们必须为之做出策略性的改变。

平手：我们和竞争对手在这个项目中旗鼓相当。大家都有获胜的机会，客户的某个决策关键人或多个关键人综合起来，没有明确的倾向。在平手的情况下，我们必须找到能够让客户认为我们更有价值的地方，或者具有独特的不可替代的优势，从而将我们与竞争对手区分开来。

优势：在客户认知层面我们领先于竞争对手。客户认为我们的产品方案能够比竞争对手更好地满足他们的需求，或者我们占领了更多的“高地”可以控制局面等。在优势情况下，我们要尽可能加强自己优势，把项目向成交的方向推进，同时关注自身劣势和竞争对手可能采取的行动，以自身优势平衡客户已知或未知的劣势。

单一竞争：目前客户只和我们一家在谈这个项目，没有其他竞争厂商的介入。在过去，我们在老客户的重复采购过程中会碰到这种情况，但现在越来越少。

遇到单一竞争，很多销售人员会心中窃喜，觉得客户已尽在掌握之中，不可能选择其他供应商。客户如果真没有选择，心里可能觉得不踏实，如果销售人员再趁火打劫，就会物极必反。单一竞争的潜在的“竞争对手”，其实有很多。例如，有些客户选择放弃这个项目，有些客户将预算移作他用，有些客户的内部团队完成了最初计划对外采购的项目。

以上三个维度，项目所处阶段、客户紧迫程度和竞争态势，都是从客观角度来判断。人类比机器人厉害的地方是人类有很强的直觉。一个项目招标文件刚挂网，80%的情况下，销售人员心里都知道结果，只不过为了保护老大的心脏，不告诉老大而已。

为了用好这种直觉，我们引入了项目温度计的概念。从 0 度到 100 度，等分为十个刻度，分别为陶醉（100 度)、幸福（90 度)、安全（80 度)、舒服（70 度)、还行（60 度)、顾虑（50 度)、不舒服（40 度)、担心（30 度)、害怕（20 度)、恐慌（10 度)、绝望（0 度)。

项目温度计是凭直觉快速判断。假设这个项目，客户明天就要做出决策，确定签约供应商，销售扪心自问，快速在项目温度计上选择一个最接近的温度。

很多销售觉得项目温度越高越安全，其实未必。如果到了 100 度，反而更要小心。100度，代表项目完全在我们的掌握之中，感觉没有任何危险，就等瓜熟蒂落，签单收钱，开庆功宴。如果真有这种情况，请大家记住一些成语：物极必反、泰极生否、乐极生悲，因为陶醉是危险的开始。表面上看占尽优势，实际上你已经成为各家对手的攻击对象。明枪易躲、暗箭难防，稍不留意，就会前功尽弃。

手机扫描二维码后，你将看到“形势判断”的视频课程讲解。

实战练习

- 请你继续分析任务1中选择的项目。
- 从三个维度分析当下的项目形势，判断项目温度。
- 如果有些要素尚不明确，可以先预测并备注“?”，后期尽快了解。
- 将你的答案记录在表4-2中。

表4-2　项目形势判断

项目所处阶段		客户紧迫程度	
竞争态势		主要竞争对手	
项目温度：			

常见问题

问题1：对项目所处阶段判断不准确

有个团队在分析项目所处阶段时，写的是“商务阶段”。

教练问：“你们的判断依据是什么？”

有人回答："因为我们已经汇报了方案，客户也提出过修改意见，我们根据客户的意见完善了方案。我们觉得方案应该基本 OK，下一步应该进入商务阶段。"

教练问："各位，刚才我们说的项目所处阶段，是谁认为的阶段？"

有人回答："是客户认为的阶段。"

教练说："是的。你们提交了修改的方案，客户完全确认了吗？还有一个关键问题，你们的方案是给谁汇报的？他是什么级别？"

有人回答："是给客户业务部门的中层主管。"

教练问："如果中层看完觉得 OK，他还需要向更上层的领导汇报吗？"

有人回答："据我了解，这个项目对他们的业务影响比较大，还需要向业务部的二把手汇报一下。"

教练说："如果二把手对方案提出修改意见，甚至提出颠覆式的要求，我们还得接着改。所以，光中层认可了方案还不够，需要对方案有决策权的人确认，方案阶段才完成。所以，判断项目阶段，也要看客户组织结构，要看全局。类似的意向阶段、商务阶段和成交阶段，都是一样的。"

问题 2：对客户紧迫程度判断不准确

有个团队的项目刚进入方案阶段，客户紧迫程度写的是"紧急"。

教练问："你们的判断依据是什么？"

有人回答："因为客户催着我们尽快提交报价，他隔天打个电话催，所以很着急。"

教练问："客户为什么催你们提交报价？"

有人回答："因为他想早点给他领导汇报。"

教练问："你觉得现阶段，最主要的工作是确定价格吗？这次报上去，价格还会大幅度调整吗？"

有人回答："价格肯定会调，因为现在需求还没有完全确定。按理说，他们应该尽快确定需求，然后再谈价格。他现在要我们报价，也许只是为了完成某一个任务？"

教练说："如果是这样，他可能是'假积极'，可能不想在这件事情上花费太多时间，希望把所有东西一起交上去，完成一项任务。客户紧迫程度和项目所处阶段有关，要分析现阶段主要负责人的行动是不是符合正常逻辑，否则容易误判。"

问题 3：对竞争态势判断不准确

有个团队的项目在意向阶段，竞争态势写的是"落后"。

教练问："你们的判断依据是什么？"

有人回答："因为竞争对手已经去讲过方案，演示了产品，还带客户参观过了样板客户。我们没讲过方案，也没请客户去参观过。"

教练问："意向阶段就讲方案？对客户的需求还没理解准确，方案从哪里来呢？需求不清楚，演示产品时讲什么？"

有人回答："嗯，估计是把其他客户的方案，拿来改个名字，给客户讲吧。演示产品，估计也只能演示给其他客户的产品。"

教练说："各位，你们想象一个场景。当你在医院，排了很长时间的队，终于进入诊室。你刚坐下，一个戴着听诊器的医生就递给你一张处方。他告诉你这张处方已经治好了很多人，让你去药房拿药。你内心是什么感觉？"

有人回答："我觉得我肯定进了一个假医院，遇到了一个骗子。"

教练说："诊断就是了解需求，开方就是给方案。不诊断就开方，一般人都不敢去拿药。除非对方是名医，我们去之前就对他非常崇拜。所以，你们要去了解一下，竞争对手讲方案、演示产品、安排参观样板客户，这些动作做完后，客户是什么感受？”

有人回答：“问过，客户觉得自己和那些客户不一样，方案内容不能照搬过来。”

教练说：“如果真是这样的感受，那么我们和对手，可能处于平手，对方做得多，未必领先。接下来，我们要去深度了解客户说的‘不一样’究竟指哪些方面。

“这句话值得你们拿笔记下来：‘重要的不是竞争对手做了什么动作，而是客户对这些动作的感受’。基于客户感受，制定我们的推进计划。如果客户想先了解其他单位的做法，我们基于客户自身特点和关注点，有针对性地讲方案、讲产品、参观，这些行动是可以加分的。否则，盲目跟进，就有可能减分。”

问题 4：项目所处阶段是否会反复

很多参训人员在实战工作坊中会问一个问题：“项目阶段，正常应该是往前走，从意向、方案、商务到成交，会不会往回走？比如一个项目，我们这次分析是在方案阶段，大家在讨论方案细节。结果过了一个月，给客户高层一汇报，发现和中层之前的想法差异巨大。一个月后，项目又从方案阶段回到了意向阶段？”

教练回答：“这是一个好问题，项目阶段源自销售漏斗。我觉得销售漏斗这个名词本身不太准确，是以自我、产品和销售动作为中心，而不是以客户为中心。如果以客户为中心，应该叫客户漏斗。不同公司的销售漏斗，代表了这家公司对销售的理解深度。

“有些公司的销售漏斗没有自己的灵魂，直接网上下载或者照搬其他公司。有些公司的漏斗，根据自己的特点做了细化。例如，规定了每个阶段销售应该完成的任务、需要收集的信息、常用的工具表格、可动用的资源等。这种情况下，有些销售容易单边行动，觉得自己把某件事情做好了，就已进入下一个阶段。

“好一点的销售漏斗，研究了客户的采购流程，将客户采购流程和销售进度有机结合起来。基于客户采购流程来判断到了什么阶段，要采取哪些销售动作。这类企业，都是行业知名企业。

“更厉害的销售漏斗，项目阶段的起点不是‘客户有购买意向’，而是对行业的趋势进行研究，思考是否存在机会。这类企业，大多是行业的领导者。

“我也见过一些销售漏斗，考虑了项目的决策结构、人员角色、影响力和参与度。如果是高层发起的项目，高层明确表态，才算走完了意向阶段。如果是从下往上推动的项目，要向上层层汇报，直到有决策权的人表态，才算走完了意向阶段，进入方案阶段。项目中期，业务部门负责人确认了需求和对应的解决方案，才算走完了方案阶段，进入商务阶段。项目后期，客户相关部门的负责人，研讨并确认了实施计划、投资回报及风险控制方案，才算走完了商务阶段，进入成交阶段。

“如果以销售为中心，项目阶段可能会频繁倒退，因为销售人员都擅长编故事安慰领导。如果以客户采购进程为中心，项目阶段偶尔会倒退。如果结合决策结构、人员角色、影响力和参与度，除非 SSO 发生变化，否则不会倒退。越是复杂的项目，大家越要考虑周全。因为项目阶段判断准确，才能做正确的事，然后才能把事做正确。”

问题 5：用销售漏斗判断形势有何不妥

很多参训人员在实战工作坊中会问一个问题：“我们公司现在用了 CRM 系统，这个系统的核心就是销售漏斗。只用销售漏斗不行吗？为什么还要提出客户紧迫程度和竞争态势这两个维度？”

教练征询大家的意见："大家觉得，单纯用销售漏斗来判断项目形势，可能存在什么问题呢?"

有人说："容易只关注自己的进度，忽略客户的实际进度。销售人员把这个阶段的工作做完了，就急着进入下一个阶段。人有一个特点，'先感性决策，再理性分析'。销售人员先觉得'应该已经进入方案阶段了吧'，然后再去寻找'已经进入方案阶段的证据'。证据就和借口一样，只要你想找，总能找到。在找证据的过程中，会自动屏蔽很多不支持结论的事实。"

也有人说："不结合组织结构，不考虑关键人的影响力，判断不准。例如，有两个正在推进的项目，客户、产品、数量和金额都类似。两个项目都完成了需求调研、出方案、汇报方案、提交实施计划，都在等客户决策。

"第一个项目，销售人员一直在和两个部门主管沟通，得到了这两个人的高度支持，其他人基本没接触。第二个项目，销售人员得到了客户的业务副总和采购副总的高度支持，进行了多轮沟通，并达成共识。

"如果只看销售漏斗，两个项目赢率差不多，都即将进入商务阶段。但是做过销售的人都知道，这两个项目的赢率差别很大。"

也有人说："不考虑竞争形势，谁在项目中占主导地位也判断不准。销售漏斗只能反映项目到了什么阶段。但它没有反映出，是谁把这个项目推到这个阶段?

"如果是竞争对手在主导项目，推动项目一步步前进，我们只是被动跟随，即使到了商务阶段，我们也可能是个'备胎'，赢率不会超过30%。如果项目是我方发起并推动的，即使刚到方案阶段，赢率也比前者要高。"

也有人说："根据我带团队的经验来看，销售漏斗里的项目赢率大多比真实赢率低。很多公司的销售漏斗中有定义，每个阶段对应的赢率是多少。很多销售漏斗都有默认值，例如赢率超过60%的项目，会自动进入上一级老板的重点关注项目名单。所以，销售人员如果把某个项目赢率填高，就会被老板盯上。万一丢了单，自己没面子不说，还会影响团队的业绩完成率，连累老板。因此，销售人员把项目录入系统时，会人为把赢率降低。这样，万一某个项目出了问题，还有很多备胎救急。我发现一个现象，很多最终签约的项目，前期进展都不大，赢率没什么变化；等销售人员感觉胜券在握，才开始补录信息，赢率快速提升。看起来不合情理，属于'意外'惊喜，实际上这些'意外'都是销售人员提前藏起来的商机。所以，有些人觉得销售漏斗系统增加了工作量，定期填一堆对项目推动没实质帮助的表格，变成'表哥表姐'。很多信息，都是补录的，都是不真实的。"

教练说："尽管如此，我们不能因噎废食，首先要承认，销售漏斗是个伟大发明。我还是要啰唆几句销售漏斗的好处。比如，销售漏斗其实对应的是客户购买逻辑，是客户思维意识认知过程、客户群体决策形成过程的逻辑。销售漏斗也是客户采购流程的体现，客户一般会按诸如'意向、方案、评估、决策'等基本步骤进行。销售漏斗也是指导路径，可以给销售人员统一的步骤和方法，指导销售人员应用相关工具、完成相关任务。销售漏斗也是业绩统计工具，不同阶段销售成交概率（赢率）不同，结合各阶段的项目预计金额，就可以推算出该项目的预测收入。销售漏斗也是业绩预测和能力测评工具，根据漏斗中项目填充形状，比如口大肚小、肚大口小、菱形、哑铃形等，以及流速、斜率等指标，可预测业绩目标及分析差距，以及诊断团队能力和瓶颈。"

问题 6：老客户对项目形势的影响

参训人员曾问这样一个问题："除了项目阶段、客户紧迫程度、竞争态势之外，是不是还少了一个维度，老客户和新客户？"

教练问："大家觉得，如果一个项目在意向阶段，客户活跃，和竞争对手打平手，那么项目温度可能为多少度？”

回答 40 度和 50 度的人比较多。

教练说：“我再补充一个信息，如果是我们的老客户呢？”

有人说 30 度，也有人说 20 度。

教练说：“我再补充一个信息，如果是竞争对手的老客户呢？”

有人说 50 度，也有人说 60 度。

教练说：“我换一下参数，商务阶段，客户活跃，平手，是我们的老客户，项目温度可能是多少度？”

这次说 50 度和 60 度的人比较多。

教练接着说：“我再换一个参数，商务阶段，客户活跃，平手，是竞争对手的老客户，项目温度可能是多少度？”

没有人回答。过了一会儿有人说：“感觉和刚才差不多。”

教练说：“是的，我也赞成。如果在项目早期，是不是老客户，影响会大一些；越到后期，影响越小。所以，如果项目早期，你感觉只是平手，可能要特别小心，说明客户对你们的满意度不高，有可能会把你们换掉。”

问题 7：三维坐标和项目温度计冲突，以哪个为准？

有个团队的成员问：“如果项目阶段、客户紧迫程度、竞争态势和项目温度计有冲突，以哪个为准？”

教练问：“你能举个例子吗？这样大家更容易理解。”

他说：“比如，我们这个项目，目前是方案阶段，客户活跃，领先对手，但项目温度我们选了 40 度，因为感觉真的不舒服，而正常温度应该在 60 度以上了。”

教练问：“大家怎么看？”

有人问：“这说明你们心里没底，是不是虽然暂时领先，行业内还有些强劲对手没进来？”

也有人问：“是不是客户有些需求，你们觉得现有产品很难完全满足？”

提问的人苦笑着说：“看来大家都懂的。”

教练说：“人和机器人的区别，就在于人有很强的潜意识。通俗点解释，你知道自己知道的叫意识；你不知道自己知道的叫潜意识。意识大概占5%，潜意识占95%。其实项目所处阶段、客户紧迫程度和竞争态势，这些都是意识层面的分析结果。项目温度，更多是潜意识的判断。所以，当两者发生冲突，应该听潜意识的，以项目温度为主。”

读者可以从自己曾经分析的项目中选出一个，作为接下来深入分析的项目。可按以下三个维度来选择。

第一，所处阶段太靠前或太靠后的项目，尽量不选。如果太靠前，刚刚接触，客户信息太少，后面没法分析，只能瞎猜。如果太靠后，进入了成交阶段，胜利在望，估计你们也不会用心分析，因为没必要。

第二，项目温度太低或者太高的项目，尽量别选，理由和上面一样。项目温度太低，都快绝望了，通过这次研讨就能起死回生，可能性不大。如果能把所有死单变活单，那恐怕需要奥特曼。项目温度太高，等着签单的项目，你们已经被胜利冲昏了头脑，也不会用心分析。

第三，决策链很短、客户参与人员少的项目，尽量别选。这套分析流程是牛刀，杀鸡效果未必好。

本节要点回顾

（1）项目所处阶段包括：意向阶段、方案阶段、商务阶段、成交阶段。

（2）客户紧迫程度包括：紧急、正在做、着手引入、以后再说。

（3）竞争态势包括：劣势、平手、优势、单一竞争。

（4）项目温度计：温度越高，感觉越安全，赢率一般较高。

（5）项目所处阶段的判断依据，不是销售人员是否已经完了该阶段的主要工作，而是客户是否在开展该阶段的主要工作。

（6）客户口头催促销售人员，也可能是为了完成某件“差事”，紧迫程度是否为“紧急”还需要进一步验证。

（7）如果竞争对手给客户讲过方案，但是客户反馈不好，可能对我们有利。重要的不是竞争对手采取了什么行动，而是客户对这些行动的反馈。

（8）项目阶段，不一定从“意向阶段”一直走到“成交阶段”，中途可能出现倒退和反复。

（9）在意向阶段，如果是我们的老客户，我们可能有较多优势。

（10）如果三维坐标和项目温度计冲突，以项目温度计为主，重新从三个维度进行思考，找出潜在问题。

第五章　分析关键角色

第四章中，我们分析了目标和形势，确定了终点和当前位置。分析SSO，是为了确定终点；使用三维坐标加项目温度计判断形势，是为了确定当下的位置。这是策略销售的一个重要观点，因为复杂项目销售很少按照销售漏斗一帆风顺地走下去，从意向走到成交。隔段时间，我们都要重新审视项目，看看最近发生了什么变化，确定终点和当下位置，基于当下形势制定新的应对策略。VUCA时代，变数更多，这种能力更加重要。

组织是个虚幻的概念，复杂销售依然是人和人之间完成的购买行为，只不过是多个人对多个人。表面上看，你把产品卖给了某个客户，是一个组织在购买。实际上，是卖给了客户公司里的几个关键人。

所以，接下来我们要分析项目关键人。我们首先分析这些人所在的部门和职务及其在项目中扮演的角色。如果只分析到这个程度，其实你是在向客户某间办公室的椅子做销售，不管谁坐在椅子上，以上内容都差不多。

这种销售，未得复杂销售之精髓。因此，接下来我们要继续深入分析每一个角色对项目的态度、对我们做这个项目的支持程度。我们会分析他在项目中的影响力和参与度，以及他的业务诉求和内在动机，找到他反对或者支持我们的原动力。只有清楚了这些，你才真正了解他。否则，即使你们认识很久，在一起做过很多事情，也只是最熟悉的陌生人。

任务 3：识别关键人

客户决策的形成是一个长期复杂多变的过程，有的人支持选择我们，有的人反对选择我们，甚至在不同时间，同一个人的意见也会不同。我们把凡是能影响"拍板"过程和结果的、影响"决策"形成的力量叫作"决策影响力"，对项目有决策影响力的人称为"购买影响者"，即我们所说的关键人。

在本任务中，我们将分析影响项目决策的四类关键角色，以及他们对项目的九种细分影响力。我们总结了实战过程中的常见问题，并给出建议。读者可以应用这些知识点，选择一个正在跟进的项目，用实战练习工具分析关键角色。

知识点

复杂项目中，影响购买决策的人有四类（见图 5-1）。

第一类关键角色：最终决策者

拥有经济购买影响力（Economic Buying Influence）的角色就是我们常说的"最终决策者"（以下简称 EB）。每个项目有一个 EB，他不需要再请示谁。这个角色也可能是由一个团队（如董事会/委员会）来扮演的。EB 拥有资金使用权和审批权，拥有否决权，可以说"同意"并使之变成现实。

EB 做出决定之后能够将方案迅速地付诸行动，如果他做完决策之后还

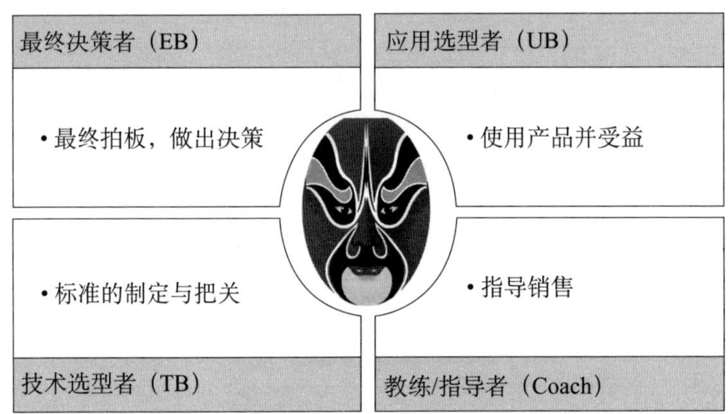

图 5－1　四类关键角色

要征求其他人的意见，那么这个人可能不是真正的 EB，他征得最后同意的人才是真正的 EB。

EB 作为资金的使用者、支配者和审批者，最关心的是：我为什么要花这笔钱？这次投资我能得到什么回报？他关心的是产品的性价比而不是花多少钱，关心采用某一产品和解决方案之后能够给企业带来哪些效益，或是降低哪些成本，或是带来哪些变化。EB 对投资回报以及方案给企业带来变化的认知，决定了他会不会为此做出采购的决策。

从对项目的影响力角度，EB 还可以细分为两种，最终决策者（E-DB）和辅助决策者（E-PB）。

第一种，E-DB。项目预算在他的授权范围内，不用请示其他人，直接能决定这个项目是否做、花多少钱做。这种人不一定是老板，但是公司给了他授权，可以决定这件事。

第二种，E-PB。负责具体项目，但是涉及关键内容，还需要向 E-DB 请示。这类人不能直接决策，但他们深得 E-DB 的信任，他们的提议对 E-DB 影响极大。

手机扫描二维码后，你将看到“最终决策者”的视频课程讲解。

第二类关键角色：应用选型者

拥有用户购买影响力（User Buying Influence）的角色就是我们常说的“应用选型者”（以下简称 UB）。

UB 关注产品或方案对自己工作方式与绩效的影响，该角色通常由几人扮演；会使用你的产品或方案；对你的解决方案带有个人感情，其成功与否和你的方案有直接关系。客户之所以会购买，大多与应用需求相关，这种需求往往由使用者提出或发起。使用者是客户购买行动的源头，他们有使用产品或服务的需要；购买之后，他们会长期使用。因此他们的体验和评价很关键，决定了客户口碑和会不会再次购买。

因为要长期使用我们的产品，UB 最关心的就是产品好不好，会对他们的工作带来什么影响，是否会受益，会不会增加额外工作量，操作是否简便，服务如何保障等具体内容，特别关心产品应用方面的细节。

从对项目的影响力角度，UB 可以细分两种，直接应用选型者（U-WB）和间接应用选型者（U-BB）。

第一种，U-WB。这类人在工作中，遇到了问题和障碍，而销售提供的产品能提升他们的能力，帮助他们解决问题，达到目标。业务需求主要由他们提出；项目实施需要他们的大力配合；产品能否用好、产生价值，和他们关系密切。购买产品后，他们直接受益。

第二种，U-BB。这类人很少使用产品，甚至不用，但是如果产品用得好，他们会间接受益。例如，如果有一套大销售策略分析系统，能判断项目的真实情况，发现项目存在的问题、判断赢率、分析形势，给出策略建议。对于售前支持部门而言，他们虽然很少使用这套系统，但是这套系统可以帮助他们判断哪些项目最需要支持，不同关键人应该如何应对，从而有助于他们更好地开展准备工作，因此，他们会间接受益。对于人力部门而言，几乎不使用，但是这套系统可以帮助他们评估每位销售人员的能力和潜力，便于后期开展更有针对性的培训，因而人力资源部门也会间接受益。有些销售高手，善于影响间接应用受益者，将自己独特的优势，写进客户需求里，获得竞争优势。

手机扫描二维码后，你将看到“应用选型者”的视频课程讲解。

第三类关键角色：技术选型者

拥有技术购买影响力（Technical Buying Influence）的角色就是我们常说的“技术选型者”（以下简称 TB）。

TB 通常有几个人，他们负责筛选出符合要求的产品或方案；严格把关明确的标准和规范，类似于守门员。他们没有最终审批权，但可以通过筛选否决某供货商。

技术选型者不等于技术人员。TB 不一定是技术人员，不一定对技术很在行，而是有权对你进行筛选或评估的人。在你面向 SSO 行动时，他们会严格把关，有明确的标准和规范。他们关注的是：“这一项目能满足特定的标准吗？”

从对项目的影响力角度，TB 可以细分为三种：标准把关者（T-CA）、预算把关者（T-FB）和流程审批者（T-AB）。

第一种，T-CA。这类人从公司的规范、要求、制度、习惯、项目特点出发，制定选择标准。这种标准，是广义的标准，包括产品和服务的技术标准、供应商的门槛标准、招标评分标准等。例如，如果公司要采购一套销售管理系统，他们会决定数据是本地存储还是放在云端？数据加密采用什么方式？供应商要具备什么资质？评标时，各项分数如何设置？

第二种，T-FB。随着管理规范化，很多公司都会提前做资金预算。每个客户周围，都围着一堆供应商，在推动很多项目。客户每年的预算有限，有充足预算支持的项目并不多。销售正在推动的这个项目，是否有足够的预算支持？如果预算不够，需要通过什么途径申请？谁有能力突破预算？这类人就是 T-FB。

第三种，T-AB。每个公司进行采购，都有成文或不成文的流程。项目立项要走什么流程？项目招标要走什么流程？签订合同要走什么流程？样板客户参观，需要什么样的流程？这类人负责按照公司的相关流程去执行。很多项目都有一个对外的联络人员，负责和供应商沟通这些流程。

手机扫描二维码后，你将看到“技术选型者”的视频课程讲解。

第四类关键角色：教练/指导者

在一个复杂项目的销售过程中，需要有一个人或者几个人，坚定地支持我们，给我们提供独特信息，评估策略，最终帮助我们赢单。这类人，我们称为教练（Coach）。

项目中的 EB、UB、TB，无论我们是否能够识别出来，他们都存在。而 Coach 不一样，大部分都需要我们培养。Coach 是信息源，不仅能够帮我们核实所得到消息的真实性和完整性，提供我们在其他任何地方都无法获得的独特有用的信息，还能够帮助我们评估关键人的影响力，并对我们的行动计划提出建议和反馈信息。真正的 Coach，关心的是如何帮我们赢单，他经常思考的是如何做我们才能赢。

从对项目的影响力角度，Coach 可以细分为两种：指导者（C-CO）和内部倡导者（C-CA）。

第一种，C-CO。这类人表面上比较中立，没有特别支持某一方，实际上真心帮我们，希望我们赢。他们深得项目决策者信任，影响力比较大，但公开场合轻易不表态。他们会帮我们收集和评估重要信息，出谋划策，优化行动建议，指点迷津。

第二种，C-CA。在客户内部，有一些人会特别支持我们做这个项目。他们会抓住任何机会推动项目，强调我们的优势。硬币都有两面，对我们的支持过于明显，未必是好事。因为客户内部的人也知道他们支持我们，所以，他们说的每句话，做的每个动作，大家都会戴着有色眼镜去看。没有哪个客户愿意被供应商“透视”，因此，涉及项目机密的讨论，客户内部可能会屏蔽这类人。

如果项目比较复杂、金额较大、影响较大、内部管理比较规范，这九类人都可能存在。虽然有时候，项目合同签了，有些人我们也还没有接触过，但并不意味着他们没有发挥作用。

手机扫描二维码后，你将看到“教练”的视频课程讲解。

实战练习

· 请继续使用你已经确定的项目，后续分析都将围绕这个项目进行。

· 列举所有可能会影响决策的人，越全越好，遗漏就是风险。

· 有些人可能还没接触到，可以先填上××并备注“?”，后期尽快完善。

· 将你的答案记录在表 5－1 中。

表 5－1 决策影响者

序号	姓名	部门职务	角色	细分角色

常见问题

大客户复杂销售就是一场情报战，谁掌握的情报越多、越准确，谁赢的可能性就越大。情报从哪里来？从可能影响决策的每一个人那里获得。所以，我们要分析客户决策结构，尽可能地了解参与决策的每一个人。

问题 1：遗漏了可能影响决策的人

有个团队分析项目时，金额预计有 300 万元，但只列了三个关键人。

教练问："这个项目只接触了三个人，他们都是使用者吗？"

有人回答："和两个人比较熟，另外一个人在会议室见过一面。你让我们列举关键人，我们觉得关键人就两个。一个是生产部主管，一个是生产部经理。只要这两个人同意用我们的产品，我们就能赢。"

教练问："表面上和我们沟通的是这两个人，实际上客户内部没这么简单。举个例子，如果公司说，因为你们最近表现优秀，公司决定给你们每个人奖励一台笔记本电脑。你们自己挑，公司埋单。你们可能买什么？"

有人回答"苹果最新款的"，也有人回答"戴尔""惠普"等。

教练问："怎么没有人买性价比最高的？"

有人笑着回答："公司埋单，当然要买性能最好的。"

教练说："所以，如果让使用者直接购买，不仅成本没法控制，还可能存在客户内部和供应商沆瀣一气的情况，产生灰色交易的可能性。所以，使用者和采购者一般会分开。项目金额越大，决策者的职务级别就越高，一般不会让使用者直接决策。

"当我们看到一个商机，都要问自己：这个项目由哪些部门发起？谁批准立项？如果采购了，哪些部门和人会长期使用？客户内部每次开会讨论这个项目，会有哪些人参会？他们为什么参会？他们对项目有何影响力？

"每一个你遗漏的人，都可能成为对手的突破口。所以，不要忽略任何一个可能影响项目决策的角色。你忽略的人越多，给自己埋的雷就越多。"

问题 2：集体决策的项目是否有多个 EB

有个团队分析项目角色时，写了三个 EB。

教练问："这个项目，有三个 EB？"

有人回答："其实不止三个，应该有七个 EB。我们怕写不下，就只写了三个。"

教练问："七个？给大家介绍一下背景？"

有人回答："是这样的，这个公司很多项目都是由集体决策的，由一个项目决策委员会投票，这七个人每人一票。所以，有七个 EB。"

教练问："你们觉得这七个人，分量完全一样吗？"

有人跟着问："这七个人里面，应该有一把手吧？"

也有人问："这些领导，应该分管不同的业务，这个项目属于哪个领导的分管范围，他们的影响力是不是更大一些？"

教练说："大家说的都很有道理。我在一些世界 500 强企业待过，也和政府、事业单位打过交道。这类组织，表面上看是集体决策，重大事情都是开会讨论，由一个团队说了算。实际上，由于每个参会者的影响力不同，大部分情况还是一个人说了算。

"重要项目上会讨论之前，分管领导先和 EB 沟通，EB 也会和部分领导先通气。议题由谁提出、谁附议、谁补充，都有讲究。项目上会讨论，若比较顺利，没有明显反对意见，和 EB 预期结果相近，EB 就会说：'既然大家都这么认为，我也同意大家的意见。'如果反对者影响力大，态度坚决，和 EB 预期不同，EB 就会说：'大家说的都很有道理，这个项目虽然不错，但也要慎重考虑，你们再研究研究，下次会议再讨论'。表面上看，EB 是从谏如流，民主决策，什么观点都没说，实际上什么都说了，明白人一听就懂。"

问题 3：这个项目是 EB 一个人说了算

有个团队分析项目时，金额有 200 万元，只列了一个 EB 和一个采购经理。

教练问："这个项目，有没有其他人可能影响决策？"

有人回答："我们这个项目有点特殊，什么事情都是老板一个人说了算，另一个负责执行。下面的人没起多大作用，我们觉得没必要写进去。"

教练说："你们有没有遇到过，和客户决策者关系非常好，最终项目却被对手签走的情况？"

很多人都遇到过。

教练接着说："老板不会事无巨细，眉毛胡子一把抓。如果真是这样，这种企业就留不住人才，老板是企业最大的瓶颈，企业很难做大。很多时候，我们的提议打动了老板，老板觉得项目有价值，愿意投资，也会安排下面的人具体跟进落实。落实过程中，需要有人确认需求，有人负责采购谈判，有人考虑实施，有人后期使用。如果这些人给老板反馈的都是负面信息，比如'项目不适合本公司的实际情况''操作太复杂''对现有业务冲击太大''和同类产品比，他们价格虚高'等，老板也不会一意孤行，强行推进。毕竟不管我们口才多好，解释多好，在老板眼里，我们都是'王婆卖瓜，自卖自夸'。"

问题 4：UB 作用不大，可有可无

有个团队分析项目时，UB 写的是各下属单位。

教练问："这个项目的使用者没有具体人员或代表？"

有人回答："是的，这个项目是总公司采购，交给下面各分公司使用。使用者说不上话，总公司买了他们就用。"

另一个回答："我们参加过一个需求调研会，见过几个单位的代表，来的都是无关紧要的小角色，后来再也没有联系过，所以没写进去。"

教练说："你们的销售目标注明是第一期。也就是说，还有后续项目？"

有人回答："是的，这个项目只是第一期，后续项目更大。"

教练说："如果没找到使用者，或者没有得到他们的支持，风险极大。我见过很多团队分析项目时，都没有重视 UB。表面上他们无足轻重，实际上却举足轻重。客户不会无缘无故地购买，我们要好好聊一聊 UB。

"首先，UB 是客户需求的源头。客户感受到外部和内部各种变化，累积情绪，形成了改变动机。这种变化，谁感受最深刻？大部分是 UB，或者 UB 出身的 EB。UB 不断地给公司提建议，促使公司高层下定决心，推动项目立项。

"UB 会根据自己的实际需求，与各家供应商沟通，向公司提交需求。这种需求，是 UB '觉得自己应该需要的'，并不一定是公司'真的需要的'。因此，优秀的销售人员在需求调研阶段，会结合自己的优势，引导客户思考，在客户需求和自己产品的独特优势之间，建立有效连接，让 UB 提出对自己有利的需求。

"其次，只有 UB 用得好，项目才会产生价值，才会双赢。对销售人员而言，签约并不是胜利的结束，而是挑战的开始。如果销售人员前期和 UB 沟通不足，忽视 UB，可能导致 UB 把产品视为威胁。项目交付后，UB 会找出'应用太复杂''经常出故障''影响其他系统''不稳定'等借口，拒绝使用产品，或不按正确方法使用，那么再好的产品都会变成废品。只有 UB 把产品用好，才能为客户带来收益。EB 看重的是投资之后的收益回报。如果收益小于预期，EB 会感觉被销售忽悠了。客户内部原来鼎力支持我们的人，也会觉得我们'不够朋友'，让他们下不了台。这种双输的结局是客户内部的支持者不愿意看到的。

"最后，如果 UB 用得好，会重复购买，形成口碑。UB 用得不错，会对产品产生感情，从而对供应商产生好感。如果公司重复采购，合作愉快的老供应商是第一选择。市场营销有个 1∶8∶25 法则。一个 UB 觉得某种产品好，他可能将这种感受告诉 8 个人；反之，如果不满意某种产品，他则可能向 25 个人抱怨。社群兴起，可能会放大这些数字。

“所以，未来，我们一定要重视 UB。他们是需求的源头，是价值的创造者，是重复采购的推动者，是口碑的制造者和传播者。”

问题 5：看谁都像 Coach，盲目乐观

有个团队分析项目时，共列了七个关键人，其中五个是 Coach。

教练问：“七个关键人，有五个都是你们的 Coach?”

有人回答：“是的，这是我们的老客户，我有同学在里面。这些人和我们关系不错。”

教练说：“项目中准确判断 Coach，对项目成败影响很大。大家分享一下，你们觉得哪些人可能是 Coach?”

大家分享了七类“感觉像 Coach 的人”，也有人质疑，提出了不同意见。这些人是否是真 Coach，需要收集信息，进一步验证。如果过度乐观，遇到假 Coach，他可能帮对手给我们挖坑。一个假情报可能会影响战争胜负，一个假 Coach 也会影响项目成败。

第一类：这人是 EB 的“朋友”甚至亲属

有人说：“我觉得不一定，你们要小心。我曾经有个项目，介绍人是决策者的亲侄子，但是这个客户特别讲原则，他为了避嫌，投标门槛设置很高，我们连参与资格都没有。”

教练补充说：“对组织影响较大、项目金额大、涉及部门多的项目，客户决策者会慎重。一个成熟的职场人士，不会轻易拿自己的职业生涯开玩笑，给熟人送人情。”

第二类：一起吃过几次饭的“朋友”

有人说：“如果多吃饭多喝酒，就能发展 Coach 拿下项目，我觉得，最

适合做销售的，就是酒吧和KTV的帅哥美女。”

教练补充说：“有些客户天生就喜欢热闹，喜欢吃喝玩乐。刚好很多销售又喜欢请客吃饭，所以一拍即合。这样的人也会透露一些和项目有关的信息，但不涉及核心信息。有些客户多喝一杯酒，就感觉自己权力又增大一倍。喝到一定程度，就开始拍胸脯说：‘放心，这事包在兄弟我身上!’你们遇到过吗?”

很多人都回答：“这种人可多了!”

教练问：“结果呢？他真的帮我们搞定项目了?”

很多人摇头，第二天酒醒了，他已经忘记自己承诺过什么。

第三类：我们都谈好利益分配了

教练说：“有时候，大家谈好了利益分配方式，甚至预付款都给了，也未必可靠。既然你们的交情是建立在利益基础上，如果有另一家给出更好的条件，他极有可能反悔。”

第四类：他对我很热情，应该会帮我

销售经常被拒绝，所以有时候碰到很热情的人，就容易把对方当Coach。

有人分享：“我以前有个管采购的朋友叫老张，东北哥们儿，对每个销售都很热情，告诉很多信息。很多销售都把他当Coach，天天排队请他吃饭。两年后，他职位没升，但是腰围、血压和血脂都升了不少。”

大家笑着说：“这种人做采购，不知道会害死多少销售!”

第五类：他在内部积极推动这个项目

有人说：“张经理非常支持我们，他正在积极向其他部门领导推荐，推动项目立项。”

教练问：“他为什么这么积极?”

销售人员回答："因为这个项目如果立项，他们部门可以获得200万元的预算。如果这个项目做好了，他们部门有可能从原来的部门独立出来，升一级。"

教练问："也就是说，不管最终哪个供应商中标，他们都有这200万元的预算？你觉得他是支持你？还是支持项目本身？"

销售人员回答："嗯，更多的是支持项目本身。"

教练问："所以，不管最终哪个供应商赢单，他都是最大赢家。他有可能对每家有实力的供应商都很热情，因为你们都在帮他。"

第六类：我们和他联系最多，他给了很多信息

有人说："这个项目是李经理在牵头，他给了我们很多信息。比如业务部门的需求汇总、需求调研、方案讲解、产品演示、样板客户参观都是他负责，招投标到时候也是他负责。他给了我们很多信息，应该是我们的Coach。"

教练问："他给你的这些信息，会不会也告诉了其他供应商？他会提前和你商量这些活动的安排吗？比如怎样突出你们的优势？他会给你提供竞争对手的机密材料吗？"

有人说："他只会商量和我们之间的事情，从来没提过对手任何信息。"

教练说："所以，他告诉你们这些信息，可能是他的职责所在。他不是在帮某一家，而是在执行公司的决策，是这个项目的对外联络人、内部牵头人。"

第七类：给我们透露很多竞争对手的信息

有人说："刘经理对我们很热情，会告诉我们，竞争对手派了几个人去做调研，竞争对手什么时候汇报，甚至还把对手汇报的PPT，拍了几张照片发给我们。"

教练问："他为什么这么帮我们？"

有人说："应该是觉得我们实力很强吧，或者是对我们的竞争对手不满。"

教练说："江湖险恶，小心驶得万年船。你们喜欢看谍战片吗？有些地下党员给敌人透露假情报，是为了什么？"

有人回答："迷惑敌人，让对方上当。"

教练说："曾经有个项目，一位销售人员说已经发展了一个铁杆 Coach。投标前一天，这位销售人员说我们应该调价，因为 Coach 把几个对手的价格截图都发给了他，价格都比较高。我们听了 Coach 的建议，调整了报价，准备以最低价中标。结果，你们猜猜看？"

有人回答："你们肯定没中标。"

教练说："岂止没中标，我们成了最高价，是标王。这个人真的是我们的 Coach 吗？"

有人回答："看来他是对手的 Coach，你们被忽悠了。"

教练说："是啊，销售江湖险恶，有些是对方的 Coach，有些甚至是无间道，是双面间谍。有些客户，无意中透露竞争对手的信息，目的可能是让各家供应商'鹬蚌相争'，客户坐收'渔翁之利'。销售江湖中，没有无缘无故的爱，也没有无缘无故的恨；没有无缘无故的支持，也没有无缘无故的反对。如果有人热情帮你，你又看不出合适的原因，一定要谨慎。

"所以，真正的 Coach 要同时满足这三个标准：你信他、他信你，你们彼此完全互信；他能接触到决策层，被决策层信任；他对你有十足的信心，真的希望你赢，视你的赢为他的赢。"

问题 6：项目里找不到 Coach

在实践工作坊中，经常有人会问："要同时满足 Coach 的三个标准这也太难了吧！我做了这么多年的销售，能同时达到这三个标准的屈指可数啊！

很多项目都没有这种 Coach，但是我也赢了。”

教练回答：“不是说没有 Coach，项目就一定赢不了。对于一个复杂项目，有 Coach 的指导，我们会赢得更稳、更快、更轻松。赢一个项目，就好比让你开车去附近一个城市，找到某某路 X 号 Y 房间。现在有两种方式，第一种是边开车边看路牌，边问路人，油不够了再加油，最终能找到。第二种是请一个对目的地非常熟悉的人，带我们一起去。他会先帮我们规划好路线、提醒我们什么时候该转弯直行、什么时候那条路容易堵车要绕行。第一种是没有 Coach 的情况，第二种是有 Coach 的情况。

“你提的这个问题非常好，同时满足这三个标准的 Coach，不好找，大家有同感吗？”

很多人会点头。

教练接着说：“UB、TB、EB 这三类人容易发现，但是大部分项目刚开始都没有 Coach。极少数项目是 Coach 主动找到销售，带领销售进入项目。考虑到发展 Coach 的过程，根据 Coach 的作用大小，我们把 Coach 分了五个级别，从低到高依次是：提供有效信息、提供独特信息、评估关键人、提出行动建议、全面互信。

“第一级 Coach：提供有效信息。他能给你提供关于这个项目的有效信息，例如：项目需求是什么？需要供应商什么时候出方案？大概什么时候开始采购？

“第二级 Coach：提供独特信息。他能给你提供一些关于项目的关键信息，这些信息你从其他渠道得不到，你的竞争对手也得不到。如果一个信息，各家供应商都能知道，就不算独特信息。例如，项目起因是什么？项目在内部正式立项了吗？预算有多少？哪些人会参与项目决策？

“第三级 Coach：评估关键人。他会告诉你，客户里面哪些人才是关键人，这些人的背景、当下处境、关注点、对项目的看法、对各个供应商的看法、彼此间的微妙关系等。

“第四级 Coach：提出行动建议。他会指导你制定行动计划，帮你评估和优化各种行动方案，共同确定最优行动方案。

“第五级 Coach：全面互信。同时达到 Coach 的三个标准。”

问题 7：他究竟是 UB，还是 TB

有个团队在分析角色时，判断有个人的角色是 UB+TB。

教练问：“这个人究竟是 TB 还是 UB?”

有人回答：“我们内部意见不统一，有人觉得他是 UB，有人觉得他是 TB。”

教练问：“大家觉得 UB 和 TB 最大的区别是什么?”

有人回答：“UB 是使用者，买了之后会长期使用；TB 是把关者，只参与买，买了之后不用或者极少用。”

教练说：“是的，大家从今后是否会使用的角度，结合他提出的问题，评估一下，看看他究竟是 UB 的角色多一些，还是 TB 的角色多一些。两者的关注点不同，UB 更多是从业务角度提需求；TB 更多是从技术标准、财务、采购流程等方面提要求。”

有人问：“有些项目比较小，会不会一个人既是 UB，又是 TB?”

教练回答：“这是一个好问题。从整个过程看，一个人有可能身兼多角色；但是从每一个时间点看，重合的可能性不大。在项目早期，他思考得更多的是‘要不要改变’，他会分析自己的处境和业务现状，梳理关键需求，思考方案框架，这个阶段主要是 UB。如果方案确定了，接下来就是‘如何改变’，在这种情况下，他思考得更多的是方案是否匹配和各种选择标准，这时他就成了 TB。

“也有些项目，使用部门的负责人，前期可能是UB，提出各种需求；中期是TB，评估各家方案；后期评估各家供应商的优劣势，提出决策建议，成了E-PB。

“因此，我们要基于项目的SSO和项目阶段，以及相关人的言行举止和他当下的关注重点，判断他是什么角色，制定最恰当的应对策略。”

问题8：Coach就是内线吗？

在实战工作坊中，经常有人问：“Coach是否就是我们常说的内线？”

教练回答：“两者有相似点，也有差异。相似之处是内线和Coach都支持我们，希望我们赢，会为我们提供有效信息、独特信息。

“差异在于内线的级别相对较低，大多是基层（具体操作产品的人、采购人员、前台、文员、门卫等）和中层员工（部门负责人），在Coach的五个级别中，这些人大多在第一级和第二级。内线接触决策层的机会较少，因此，很难了解关键人的想法，难以帮我们‘评估关键人’和‘提出行动建议’。

“此外，内线这个词语有贬义，有出卖组织利益谋取个人私利的嫌疑。大部分Coach帮我们，是为了实现组织的重要目标，寻找一个最佳合作伙伴，组织利益和个人利益实现了双赢。”

本节要点回顾

（1）EB：做出决策不需要再请示他人，在否定意见下能做出肯定决策并生效，在肯定意见下能做出否定决策。

（2）EB分为两类：E-DB、E-PB。

（3）UB：使用我们的产品或方案并从中受益，其成功与我们的方案有直接关系。

（4）UB分为两类：U-WB、U-BB。

（5）TB：规范的制定者或执行者，项目决策中拥有否定权，不能让我们成功，但能让我们不成功。

（6）TB分为三类：T-CA、T-FB、T-AB。

（7）Coach：能够在销售中指导我们，我们之间完全互信；他被客户的决策层所信任，他对我有十足的信心，真心希望我赢。

（8）Coach分为两类：C-CO、C-CA。

（9）即使是集体决策，多人投票，也会有一个人是真正的EB。

（10）复杂销售中，EB决策之前，会征求TB和UB的建议。

（11）相关人对我们热情，也可能对谁都热情；提供信息，可能是他的职责所在。

（12）Coach和内线并不一样。

任务4：反馈支持

类似的方案，为什么这家客户看到之后很兴奋，项目快速推进，另一家客户却没兴趣，项目一拖再拖？为什么在一个项目中，客户内部有些人积极推动项目，有些人无所谓，还有些人会抵触和反对项目？为什么客户内部有些人坚定支持这个项目，有些人觉得谁做都无所谓，有些人更支持对手？

究竟是什么原因导致不同人对同一项目的态度差异如此之大？

复杂销售是多人决策，客户的决策结果受很多人的态度和想法影响，这是各种力量交织混杂在一起的结果。在销售过程中，我们必须关注客户组织和决策结构，关注客户中多个角色共同影响的合力，而这些影响是由每一个角色的态度和支持程度决定的。我们必须针对每个角色进行分析和判断，获知每个角色的态度，然后综合分析这些态度和影响力，并据此制定有效的销售策略和行动计划。

在本任务中，我们将分析相关人对项目的态度，即四类反馈模式，以及对我们的支持程度。我们将总结实战过程中的常见问题并给出建议。读者可以应用这些知识点，选择一个正在跟进的项目，用实战练习工具分析关键人的反馈模式和支持程度。

知识点

在一个项目中，为什么客户内部有些人积极推动项目，有些人无所谓，还有人会抵触和反对？究竟是什么原因导致不同人对同一项目的态度差异如此之大？答案是每个人对现状的感觉以及对未来的期望不同。

如图 5-2 所示，深色线代表期望值，浅色线代表现实值，它们会组合出四种反馈模式。

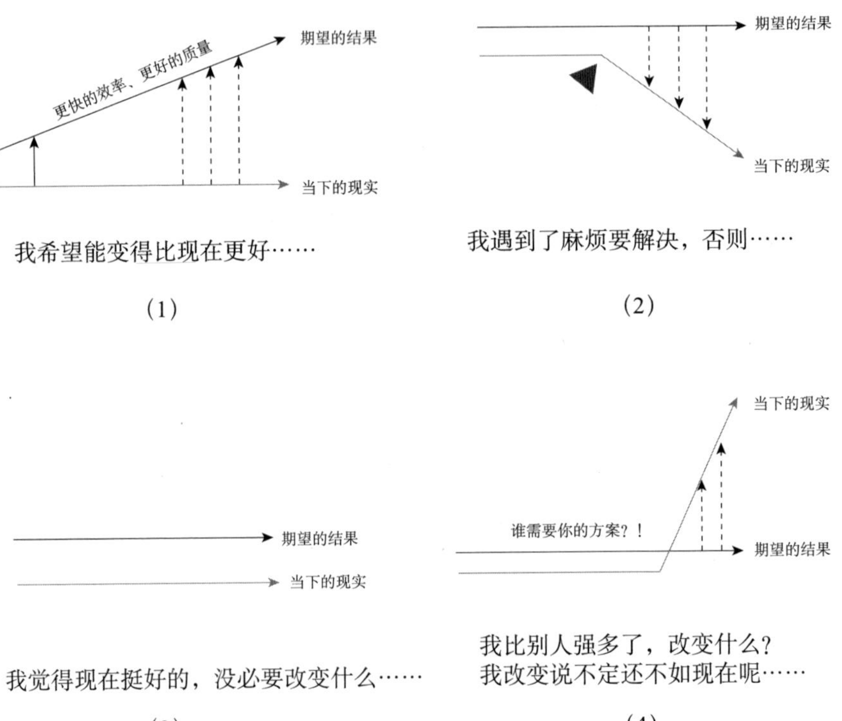

图 5-2　四种反馈模式

图5-2中，（1）（2）（3）（4）分别为增长模式（Growth，简称G模式，俗称“如虎添翼式”）、困境模式（Trouble，简称T模式，俗称“亡羊补牢式”）、平衡模式（Even Keel，简称EK模式，俗称“我行我素式”）和自负模式（Over Confident，简称OC模式，俗称“班门弄斧式”）。

手机扫描二维码后，你将看到“反馈模式”的视频课程讲解。

如虎添翼式

客户认为现状还不错，但他对未来有更高的期望，希望变得更好，就像凶猛的老虎还想生出一对翅膀。我们把这种反馈模式称为如虎添翼式，这类客户采取行动的可能性较高。

对持这种态度的人，销售人员要问自己：“我清楚他的期望与现实的差距是什么吗？我的建议或方案能减少这种差距吗？”和这类人沟通，核心是探讨如何让他实现心中的蓝图，这比商务公关或其他手段更有效，更容易得到他们的支持。

手机扫描二维码后，你将看到“如虎添翼式”的视频课程讲解。

亡羊补牢式

有些客户本来没有更高期望，但在现实中受到某种变化的冲击，处境变得越来越差，这类客户的反馈，我们称之为亡羊补牢式。这类客户虽然急着购买，但不一定买最好的，也不会选择最便宜的，而是会选择最能解决当下问题的。这类客户的需求非常明确，他们关注“如何快速解决当下存在的问题”。销售人员面对这类人，要问自己：“我清楚他们当下的问题或麻烦吗？我的方案能解决或减少这些问题和麻烦吗？”

手机扫描二维码后，你将看到“亡羊补牢式”的视频课程讲解。

我行我素式

这类客户对现状感觉挺好，对未来没什么想法，我们把这种反馈态度称为我行我素式。这类客户对我们提供的方案根本不感兴趣，他们没想法，也看不到方案的价值，甚至觉得方案带来的变化是增加他们的工作量，会破坏他们目前美好的平衡。他们采取行动的可能性很低，大多数情况下会抗拒变化。

有些人表面上会说：“我其实是很支持这个项目的，你去找××领导吧，领导说要做我们就做。”私下场合，他们可能会说：“我们现在挺好的，你们别瞎折腾了，没事找事。”

手机扫描二维码后，你将看到“我行我素式”的视频课程讲解。

班门弄斧式

这类人对现状很满意，甚至认为已经超出了他们的预期值，自我感觉超级良好。对于这种反馈，我们称之为班门弄斧式。

这类人对现状非常满意，甚至得意。他们觉得已经做得很好，在他们的圈子里属于领先水平，自己是别人学习的对象，哪里会轮到销售人员来指手画脚。他们的关注点，在于销售人员是否认可他们已经取得的“辉煌成就”。

手机扫描二维码后，你将看到“班门弄斧式”的视频课程讲解。

支持程度

客户反馈模式是对做这个项目的态度。如果客户特别想做，就一定会支持我们吗？

答案是不一定。

因此我们还要分析客户对于我们来做这个项目的支持程度。我们汇报项目时，经常说“某人支持我们”或者“某人反对我们”，仅仅有这种定性分析是不够的，我们需要定量分析。我们把支持程度分成十级：+5 热情拥护、+4 大力支持、+3 支持、+2 感兴趣、+1 认知相同、−1 应该不会拒绝、−2 不感兴趣、−3 作负面评价、−4 抗拒你的建议、−5 坚决抵制。

其中，+5 到+3，是支持我们的人。如果到了+5，表明他不选择我们的方案宁可不做这个项目。他在内部明确表态支持我们，坚定反驳其他方案。他会为我们提供核心信息，和我们一起商量下一步如何推进。

+2 到−2 的人，倾向性不是特别明显，可能是因为没有看到方案价值、沟通不顺畅、信息不对称等多种原因造成的。

−3 到−5，倾向于对手更多一些。如果到了−5，表明他坚决地反对我们的建议和方案，热情拥护竞争对手，会为我们设置很多障碍，甚至可能帮对手给我们挖坑。

建议每个销售人员应该做一件事情，根据你们的客户和业务类型，设计一个支持程度量表。明确“客户说了什么或做了什么”，证明他的支持程度是什么水平。给大家一些参考维度，大家可以在这个基础上优化，支持程度一定要找证据。例如，同样一句话，“我觉得你们很有实力，希望非常大”，政府单位的领导说出来，和民营企业的老板说出来，代表的支持程度都不一样。

判断支持程度的参考维度：

（1）在项目推进过程中，提供了哪些独特、有价值的信息？

（2）他当面如何评价我们的建议与方案？

（3）通过其他人侧面了解，他如何评价我们？

（4）是否会向他人推荐我们，并积极影响他人？

(5) 是否给我们建议，下一步如何推进更好？

(6) 面对压力时，是否依然会支持我们？

(7) 是否会反驳不同意见（竞争对手的方案和建议）？

(8) 是否会及时告知竞争对手的动向，帮我们收集对手资料？

手机扫描二维码后，你将看到“支持程度”的视频课程讲解。

实战练习

- 请继续分析你已经选择的项目。
- 分析每个关键角色的反馈模式和支持程度。
- 有些人可能还没接触到，可以先推测并备注“?”，后期尽快完善。
- 将你的答案记录在表5-2中。

表5-2　　反馈模式和支持程度

序号	姓名	部门职务	角色（EUTC）	细分角色	反馈模式	支持程度

常见问题

在复杂项目中，不管我们是否能识别四类角色和九种影响力，都会对决策产生影响。所以，忽略即风险，未知比已知更可怕。我们总结了此环节的常见问题，供你参考。

问题1：认为客户关键人的反馈态度都是T模式

有个团队在分析反馈模式时，认为影响决策的人有六个，并且觉得反馈模式都是T模式?

一个人说："是的，客户很着急，经常催我们。因为按照他们的内部最新发文，这个项目要三个月内完成，否则会影响他们的整体进度。项目实施要两个月，所以一个月内必须确定供应商。"

教练问："假如三个月到了，这个项目并没有完成，他们的损失是什么?"

有人回答："会影响他们的整体工期。"

教练问："影响工期更多是组织的损失。如果针对目前这六个人，对每个人的具体损失是什么？"

有人回答："影响最大的可能是孙总和张总，具体损失还不清楚。有可能会被领导批评，认为办事不力，影响晋升吧。其他人，影响不大。"

有人质疑："我觉得不一定，一方面，项目实施过程不可能所有环节都100%按计划执行。另一方面，万一这个项目延期了，他们也可能调整总体安排，有些环节并行实施，或者要求我们增派人手，缩短工期。这种情况我以前遇到过，催我们说某个时间点之前一定要进场施工，最终都是延期确定供应商，让我们赶工。"

教练补充说："客户催我们，并不代表他们属于T模式。除非我们已经清楚了解让他们陷入'困境'的原因，客户自己也清楚已经或即将造成的'损失'，双方对于'急迫解决的问题'达成了共识。如果找不到这些证据，就认为对方属于T模式，有些盲目乐观。"

问题2：大部分是支持者，因为曾经合作过

有个团队在分析支持程度时，认为影响决策的人大多支持我方。

教练问："有六个人影响决策，其中五个人的支持程度都在+2以上，万里江山一片红啊！"

有人回答："因为这是我们的老客户，这些人在别的项目中都合作过。"

教练问："这是老客户重复采购？还是老客户采购新项目？"

有人回答："不是重复采购，是一个新项目，是我们引导客户立项的。"

教练问："你们写的支持程度，是他们在其他项目的支持程度，还是针对本项目的？"

有人回答说："他们和我们关系都不错，这是我们在他们公司做的第二个项目。我们觉得他们肯定支持。"

教练问："假如他们要给所有员工买商业保险，还是这几个人负责，你们去推这个项目，他们会支持吗？当然，我知道咱们不卖保险，我是说假如。"

有人回答："估计不会。"

教练说："我刚才举的例子比较极端。我是想提醒你们，支持程度一定是和SSO紧密相关的，SSO变化了，支持程度也会变化。每个人会从自身处境出发，思考这个项目带给他所在的组织以及个人的价值，然后决定是否支持，以及支持到什么程度。"

问题3：反馈模式是EK模式，但支持程度较高

有个团队在分析项目时，反馈模式是EK模式，但支持程度很高。

教练问："这两个人，反馈模式是EK模式，但支持程度是+3和+4？"

有人回答："是的，这两个人在其他项目中支持过我们。这个项目和他们关系不大，他们觉得做不做都行，所以反馈模式是EK模式。"

教练说："如果真是EK模式，可能是对我们提供的方案不感兴趣，也看不到方案的价值，内心甚至会觉得，这个项目会破坏现状、增加他们的

工作量。表面上对我们说‘公司要做就做’，内心可能是‘不做更好’。所以，如果客户内部开会，征求他们的意见，你觉得他们会支持吗？”

有人回答：“如果他们内部开会，我估计他们可能会说‘这个项目和我们部门关系不大，建议多问问其他部门的意见’。这句话的潜台词是，做不做都行。如果他们在内部影响力较大，甚至会动摇EB做这个项目的决心。”

教练问：“如果是那样，支持程度能到+3和+4吗？”

有人回答：“那肯定到不了，估计最多到+2。”

教练说：“如果他对这个项目态度消极，那么即使和我们私人关系再好，哪怕是我们的直系亲属，支持程度也不可能特别高。大家看一下各自的项目，如果存在EK模式、OC模式的人，而我们判断支持程度较高，那就要再思考一下。”

问题4：和对手合作过，曾经不支持，所以支持程度很低

有个团队在分析项目时，认为项目处于意向阶段，有三个人的支持程度特别低。

教练问：“为什么这三个人的支持程度都在-3以下？”

有人回答：“因为两年前，这个客户做过一个类似项目。当时这三个人都支持我们的竞争对手，所以我们丢单了。”

教练说：“客户为什么这次还要做？”

有人回答：“因为他们觉得以前的系统很难满足现在的需求，必须要升级。”

教练说：“客户为什么不找原有供应商，直接升级？”

有人回答：“这个问题没有仔细问过，从交流过程看，客户认为在原有系统上修修补补，解决不了问题，这次基本上要推倒重来。”

教练说：“如果是这样，客户内部一定有一些关键人，对原有系统不满

意，否则其他供应商根本没有机会参与。任何一个产品都没法满足所有人的需求。客户内部不会是铁板一块，一定有不同声音。首先，这三个人对之前的项目和供应商如何评价？其次，客户内部哪些人觉得原系统还可以？哪些人很不满意？这些人我们找到了吗？

“很多人都说老客户是优势，我觉得是双刃剑。如果客户对我们的产品和服务非常满意，达到或超出了关键人预期，那可能是加分项，是优势。如果相反，效果较差，低于预期，原来坚定支持我们的人会承受很大压力，会后悔当初选择我们，极有可能变成反对者。客户中每个关键人，都给每家供应商开了一个‘信任账户’，售前、售中、售后的每一个细节，都可能在加分或减分。就像IBM公司的经典课程MOT的观点：每一次沟通都是增加或减少信任的关键时刻。建立信任不容易，需要很长时间，毁掉信任却很容易。

“所以，各位，曾经支持过对手的人，不一定会继续支持对手；即使对手已经拿下了项目，客户内部也一定有不满意的人。我们不要给客户内部关键人随意贴标签，说老王就是A公司的支持者，老张是B公司的铁杆。我们的支持者，也可能变成中立者，甚至反对者。需要再次强调的是，支持程度是指此时此刻某人是否支持由我们来做这个项目。”

问题5：反馈模式是否会变化

有个团队在分析项目时，针对一个人的反馈模式，进行了多次修改。

教练问：“针对这个人的反馈模式，你们写了T模式，后来又改成了EK模式，是什么原因？”

有人回答：“这个人以前很积极，催着我们尽快出方案，做试点。现在试点做完了，他没动静了，反而变成我们催他。”

教练问：“他以前着急的原因是什么？”

有人回答："试点工作是他们领导安排下来的，由他牵头，如果不能按期完成，可能会影响领导对他的印象。现在试点已经完成，总结报告他也交了上去，说等领导安排。"

教练说："所以现在，他没压力了，项目如果晚点开展，对他有损失吗？"

有人回答："暂时没有损失。所以，我们觉得更像 EK 模式，但是之前的确是 T 模式。所以我们小组有点纠结，不知道选择哪个。"

教练说："反馈模式也是会变化的，我们每次都是基于某人最近的言行举止，判断此时此刻客户对项目的态度。比如这个客户，曾经属于 T 模式，现在更像 EK 模式。也许再过两周，这个项目被列入了他的年度绩效考核指标，越靠近截止时间，越有可能变成 T 模式。

"反馈模式是此时此刻、此人、针对此事的感受和态度，是一个切面。我们说反馈模式和支持程度，一定要在前面加一个时间定语，某年某月某日的反馈模式和支持程度。如果时过境迁，客户处境发生了变化，反馈模式也可能会变。因此，销售人员要时刻关注变化，以及变化带给客户的影响。我们每次重新审视项目时，都要评估客户当下的反馈态度和支持程度。"

问题 6：我们觉得客户应该属于 T 模式或 G 模式

有个团队在分析项目时，意向模式、反馈模式都很清晰。

教练问："各位，我们看一下第七组的项目。这个项目处于意向阶段，写了七个关键人，这些人的反馈模式都这么清晰？与这些人都沟通过吗？"

有人回答："没有，我们只接触过三个人，其余的是根据他们的组织架构图判断得来的。"

教练问："你们判断的依据是什么？"

有人回答："我们觉得，对于业务部门这条线的人，现在产品同质化竞争很严重，他们压力肯定大，需要通过信息化手段提升竞争力，反馈模式估计是T模式。对于技术部门，通过这个项目掌握一些新技术，变得更加专业，反馈模式估计是G模式。”

教练问：“这是你们的认知，还是客户的认知？”

有人回答：“是我们的判断，不过感觉客户应该也是这么想的。”

教练说：“送各位一句话，在营销中，认知大于事实。事实本身不重要，重要的是客户怎么看待事实。例如，某客户本身处于行业领先水平，但是某个高层认为还有很大的提升空间，他的反馈模式可能属于G模式。另一个高层认为和国外同行比起来，差距很大，急需改变，否则等国外同行进入中国市场，他们会非常被动，他的反馈模式可能是T模式。

“另一个客户本身水平较差，在全国范围内属于倒数30%，但关键人自我感觉良好。你觉得他们应该改进，应该属于T模式或者G模式；但关键人的参考对象是剩下的29%，相对而言他依然很牛，反馈模式可能是OC模式。

“客户是基于自身的感觉，而不是事实本身，做出决定的。因此，销售人员要认真捕捉客户对于这个项目的细微感受。决定客户是否需要做出购买决策，不是客户本身有没有问题，而是客户自己感觉有没有问题。客户觉得好，再差也是好；客户觉得不好，再好也是差。”

问题7：如何判断真实的支持程度

许多销售人员在这个环节可能会问一个问题：如何判断客户是否支持我们？我建议从以下五个维度收集信息，大胆假设，小心求证。

（1）销售人员的直觉。通过与客户沟通，销售人员能现场感受客户的状态。我们每个人都有一种直觉，能感觉到，客户究竟是真心和我们沟通，还是在敷衍我们，甚至在欺骗我们？究竟是更支持我们，还是更倾向于竞争对手？

（2）察言观色。中国古代的相术大师都是察言观色的高手，他们能够根据对方细微的表情变化，推测出对方的真实想法。西方在这方面有系统研究，例如保罗·艾克曼（Paul Ekman）的研究［编录了人类面部表情的10 000多种组合，并创建了面部动作编码系统。很多人经过系统训练，能够鉴别与特定表情相关的面部肌肉动作，分辨不到一秒钟的微表情，然后确定对方表达的真实含义。对此感兴趣的朋友，可以去看美剧《别对我撒谎》（*Lie to Me*）］。

（3）行胜于言。不仅要看一个人说了什么，更重要的是看他做了什么。《论语》中有一句话，可以借鉴。子曰：视其所以，观其所由，察其所安。人焉廋哉？人焉廋哉？这句话的意思是：看任何一个人为人处世，他的目的何在？他的做法怎样？另外再看他平常的涵养，他心安于什么事情？这个人还怎么隐藏呢？

（4）多角色验证。通过与客户内部不同的人交流，侧面了解某个关键人对项目以及对我们的评价，相互验证。我们接触的人员越多，角色覆盖越全，越不容易被欺骗。如果有Coach，验证真假更容易。多和客户中低层的人员沟通，因为关注他们的供应商相对较少，从他们那里获得真实信息的成本更低。

（5）逻辑验证。如果客户的反应和行为，让我们觉得有点不合逻辑，不合常理，可能就有陷阱。如果这个项目对他弊大于利，他仍然积极支持我们，为我们提供信息，我们更要小心。

遇到这种情况，狄大人肯定会问“元芳你怎么看？”元芳回答：“我觉得此事必有蹊跷。”

问题8：反馈模式和供应商是否有关

有人提问：“反馈模式取决于每个人对现状的感觉，以及对未来的期望，是对项目的反馈，和哪家供应商、哪个销售人员去谈似乎没有关系，是这样吗?”

教练说：“反馈模式中的现状，是此时此刻对‘现实’或‘变化’的认知，是一种内心的感受，‘期望’是指对未来的期望，这些都是主观的。因此，如果和他沟通的人，非常专业，对客户所在的企业和行业趋势了若指掌，有自己独到见解，能提出有价值的建议，并且这家供应商在业内也打造了众多标杆项目，客户就会产生‘崇拜’之感。遇到这种销售人员，客户容易成为G模式或T模式。

“如果另一家供应商的销售人员经验不多，专业性不够强，或者因为其他原因给客户留下了负面印象。客户觉得销售人员知道的还没自己多，反馈就容易变成EK模式或者OC模式。所以，和客户接触的人也非常重要。”

问题9：一个人是否会同时积极支持多家供应商

有个团队的项目形势一般，但客户内部关键人的支持程度比较高。

教练建议：“请你们换位思考一下，假设你们是自己的竞争对手，从他们的视角看，分析一下这些关键人的支持程度，写在纸上。”

过了3分钟，我看着大家在白纸上写的内容。我问：“有些人对我们的支持程度是＋3或＋4，对主要竞争对手A公司的支持程度是＋3或＋2，这说明了什么?”

有人回答：“说明这个人是墙头草，或者是无间道。”

教练说：“如果你优势明显，感觉良好，不妨换位思考一下，如果你是竞争对手，他的支持者是谁?他的突破口在哪里。复杂项目，多人决策，分权制衡，某方优势占尽的情况极少。一个人如果既支持你，又很支持对手，那么他支持的可能是项目本身，而不是某一家供应商，你们是鹬蚌，他是渔翁。”

读者可以结合上述讨论，再看看自己项目中关键人的反馈模式和支持程度，进一步优化。对于还没有接触的，或者根据现有信息无法判断的，大家先打问号，未来逐步去收集信息再做判断。

本节要点回顾

（1）如虎添翼，G 模式：客户希望能变得比现在更好。

（2）亡羊补牢，T 模式：客户遇到麻烦要解决，否则后果很严重。

（3）我行我素，EK 模式：客户觉得现在挺好的，没必要改变什么。

（4）班门弄斧，OC 模式：客户感觉比别人强多了，改变什么？要改变说不定还不如现在呢。

（5）支持程度是指客户是否支持由我们做这个项目。

（6）虽然是我们的老客户，但未必都是支持者。

（7）如果反馈模式是 EK 模式，觉得做不做无所谓，对我们的支持程度不会特别高。如果是 OC 模式，可能对任何一方的支持程度都不会太高。

（8）虽然客户曾经和对手合作过，但对我们支持程度不一定很低。

（9）客户反馈模式是由客户对现状的感受以及对未来的期望决定的，可能会变化。

（10）反馈模式可能和供应商有关。

（11）如果某一个人同时积极支持多家供应商，那么他支持的可能不是某一方，而是项目本身。

任务 5：参与影响

复杂项目多人决策，我们分析了所有可能影响决策的人。EB 有决策权，虽然决策之前会征求多方意见，但他也可能在别人说“不”的情况下说“行”，也能在别人说“行”的情况下说“不”。UB作为产品服务的使用者，可能是需求的源头，采购过程中会参与需求定义和功能评估，后期持续应用，对项目也有较大影响。TB负责制定各类标准，拥有否定权，他可能用某条标准让我们处于劣势，或者让我们没有资格进入“决赛”。Coach是我们的指导者，局面越错综复杂，他越重要。

这些人都很重要，稍不留神，就可能让我们前功尽弃。那么我们是把精力平均给所有人，还是把最主要的精力投给少数几个人呢?

我们要分析不同阶段、不同角色的影响力大小和参与度高低。在本任务中，我们将分析哪些因素会影响一个关键人的参与度和影响力。我们总结了实战过程中的常见问题，并给出建议。读者可以应用这些知识点，选择一个正在跟进的项目，用实战练习工具分析关键人的影响力和参与度，思考此阶段应该把主要精力投给哪些人。

知识点

在一个复杂项目中，每遇到一个人，销售人员大脑里都会想一个问题：“这个人说了算吗?”

一个人说了算不算，其实是指他的决策影响力。不同人的决策影响力是不同的，同一个人在不同项目中的决策影响力也不同。决策影响力主要有两个因素：影响力和参与度。

影响力

一个人在项目中的影响力大小，与以下六个因素相关。

(1) 和项目SSO有关。SSO是项目的定盘星，决定了项目范围、金额、参与部门和人员、决策流程、项目风险等。若SSO发生变化，其他要素也会变化。因此，不能脱离SSO谈影响力。

(2) 与职务级别相关。其他条件相同时，职务级别越高，对项目的影响力越大，俗话说“官大一级压死人”。项目越大，参与决策的人职务级别越高。很多项目到了后期，中层可能连列席会议的资格都没有。

（3）与工作职责有关。每个人的岗位职责都会赋予其相应权力。有些人职位不高，但他在职权范围内，可能拥有一票否决权。例如一个招标代理公司的新员工，开标时负责检查标书密封情况。如果密封不符合招标文件规定的要求，他就可以取消某家供应商的招标资格。有些事业单位、国企、大型上市企业，监审部门在审核招标文件草稿时，如果觉得某些条款不符合相关法律法规，也可以一票否决。

（4）与资历相关。有些人职级不高，但是资历很深，曾经为企业立下汗马功劳，或工作多年，见多识广，受高层器重，影响力较大。

（5）与专业知识相关。如果一个项目涉及的专业知识比较多，具有相关知识和经验丰富的人影响力较大。这类人，可能来自客户内部；也可能来自外部，例如高校、研究机构、行业协会的专家学者，或者行业内知名企业的高管。

（6）与风格相关。每个人的决策风格不同，有些人强势，敢于坚持自己的意见，在公众场合反驳不同意见；有些人比较随和，注重人际关系和谐，容易妥协。在其他因素相同时，前一类人的影响力更大。

参与度

一个人在项目中的参与度高低，与以下五个因素相关。

（1）与岗位职责相关。不在其位，不谋其政。每个岗位，都会有对应的岗位职责。如果一个人身兼数职，就有多种岗位职责。一个项目牵涉客户哪些工作，这些工作分别由谁负责，决定了谁会参与。例如，如果一个项目涉及生产设备和工艺，生产部门一定会参与；如果涉及财务管理，财务部门必须深度参与。

不过各位也要特别注意，国内企业和外企有较大区别。西方经济学的奠基之作——《国富论》——认为生产力快速发展的基础是分工。因此，西方企业的分工很明确，每个岗位应该做什么事情，做到什么标准，写得清清楚楚。一个人，只要把某个小工序做到极致，都可以成为专家。和外企打交道，同一个国家的不同企业，同一岗位名称对应的职责基本一样。

中国数千年来都是农耕社会，一个农民一天的工作，可以分为几百个工种、上万道工序。中国人强调“分工不分家”，表面上有分工，实际上很模糊。很多人真正做的工作和岗位名称关系不大。例如，同样一个市场经理的岗位，在A公司，是负责展会策划和宣传资料制作；在B公司，是负责招商和渠道管理；在C公司，这个职位可能是销售。因此，在中国做销售，重要的不是看客户名片上印的头衔，而要看他实际负责的事情。从名片上理解，你觉得他应该不管这事；实际上在企业里，他最主要的工作就是管这事。

（2）与专业水平相关。这个项目，涉及哪些专业领域？客户内部，公认哪些人比较专业？哪些人曾经负责或者参与过类似的项目？这类具备专业水平的人，极有可能会参与项目。

（3）与决策流程相关。项目在不同阶段，由不同人负责。例如谁发起项目？谁梳理业务需求？谁评估各家方案？谁筛选供应商？谁负责采购？了解类似项目决策流程，可以预测哪些人将会参与进来，提前布局，未雨绸缪。

（4）与优先事件相关。客户组织近三年最重要的目标是什么？哪些项目和客户战略密切相关？客户最关注的事情是什么？客户现在急需解决的问题是什么？

客户永远有做不完的事情。因此，这个项目是否被排到靠前的位置，决定了他们会投入多少精力。

（5）与内部政治相关。有人的地方就有政治；有人的地方就会有江湖，就会形成各种派系。组织成立时间越久，规模越大，政治越复杂。有些人之间关系特别好，凡是他支持的我就支持；有些人之间关系很微妙，如果你支持甲公司我就支持乙公司。为了降低决策风险，组织会分权制衡，引入多个派系的人参与。销售高手会利用这种内部政治，取得处于优势地位的某一派的大力支持，最终取胜。

手机扫描二维码后，你将看到“参与影响”的视频课程讲解。

实战练习

·请继续分析你已经选择的项目。

·分析每个关键角色的参与度和影响力，参与度和影响力高中低分别用字母 H、M、L 表示。

·有些人可能还不确定，可以先推测并备注“?”，后期尽快完善。

·将你的答案记录在表 5－3 中。

表 5－3　　参与度和影响力

序号	姓名	部门 职务	角色 (EUTC)	细分 角色	反馈 模式	支持程度	影响力	参与度

常见问题

复杂项目销售周期长，不同的人对项目的影响力不同，不同阶段不同人的参与度也会发生变化，应准确判断当下每个角色的影响力和参与度，从而合理分配我们的精力。我们总结了此环节的常见问题，供你参考。

问题1：参与度和影响力之间是否必然相关

有个团队分析项目时，大部分角色的参与度和影响力，写的都一样。

教练问："这些角色的参与度和影响力，你们是怎么判断的？"

有人回答："我们小组是先分析参与度，再分析影响力。一个人在项目中的参与度越高，他发挥的作用越大，对项目的影响力可能就越大。"

教练问："在销售过程中，你们有没有遇到过这种情况，有些人参与度非常低，影响力却特别大？"

有人回答："当然有，比如我在跟进的这个项目，这个集团很大，大老板一言九鼎，说一不二，影响力极大。但是直到目前为止，他没有对这个项目发表任何意见，参与度极低。根据之前类似的项目判断，有可能等所有准备工作就绪，有具体招标条件了，再向他汇报。"

教练接着问："在销售过程中，你们有没有遇到过，有些人参与度非常高，影响力却很小？"

有人回答："当然也有，比如项目中有些人负责对外联系供应商，前期安排需求调研，催促我们出方案、讲方案、做测试等。表面上这类人大权在握，整体进度都是他们把控，关键活动是他们在组织，实际上他们可能仅仅是执行项目组的决策。表面上很有影响力，实际上很小。"

教练说："所以，参与度很高的人，影响力不一定高；影响力高的人，参与度也可能很低。有些人说一万句顶一句，有些人说一句顶一万句。这两者之间，没有必然联系。"

问题2：集体决策，各个参与人的影响力是否一样

有个团队在分析项目时，判断五个人的影响力都高。

教练问："是什么原因，让你们觉得这五个人的影响力都高呢?"

有人回答："因为这个项目是集体决策，据说这五个人是决策委员会的成员，每个人都有投票权。所以，这五个人影响力都高。"

教练问："各位，举个例子，地方政府的重大事项由当地常委投票决定，常委有若干人，每人都有一票。你觉得这些人的投票权，真的一样吗?"

有人笑着回答："表面上一样，实际上肯定不一样，否则排名先后就没多大意义了。"

教练说："是的，政府如此，企业也差不多。第一，你们要思考，谁是这个项目真正的最终决策者？他的影响力比较高。第二，这个项目归谁分管？分管领导的影响力也比较高。第三，这个项目会给哪些部门带来变化？这些部门的老大，是否在决策委员会里面？如果在，这个人影响力比较高。决策委员会的其他成员，如果觉得这个项目和他无关或者影响不大，一般不会参与太多。"

问题3：态度消极的人，参与度却很高

有个团队在分析的项目有四个关键人，判断他们的反馈模式都是EK模式或OC模式，参与度两个中，两个高。

教练问："如果是EK模式或OC模式，值得探讨。还记得EK模式的特点吗?"

有人回答："期望值和现状差不多，没有差距，自我感觉不错，行动可能性较低，觉得我们没事找事。"

教练接着问："OC模式呢?"

有人回答："感觉现状比期望值还好，觉得改变了还不如现在，行动的可能性为零。"

教练说："所以，如果客户的反馈真是EK模式或OC模式，他们会积极参与这个项目吗？"

大家都摇头。

教练说："如果他们的参与度比较高，我们要反过来思考，他们在这个项目中真的是EK模式或OC模式吗？反之，如果判断某个人的反馈模式是G模式或T模式，但是参与度过低，也不正常。大家看一下你们的项目，看看有没有这种自相矛盾的地方？"

问题4：角色的影响力和项目阶段是否有关

在实战工作坊中，经常有人问："某一个角色的影响力，是固定的，还是会变化？"

这个问题的背后，是项目不同阶段客户的关注重点。尼尔·雷克汉姆分析了大量项目，得出了一个模型（见图5-3）。如果以时间为横轴，以客户关注点为纵轴，在项目销售的三个阶段中，客户的关注点会发生如下变化。

项目前期即阶段Ⅰ，是方案开发阶段；项目中期即阶段Ⅱ，是评估阶段；项目后期即阶段Ⅲ，是承诺阶段。

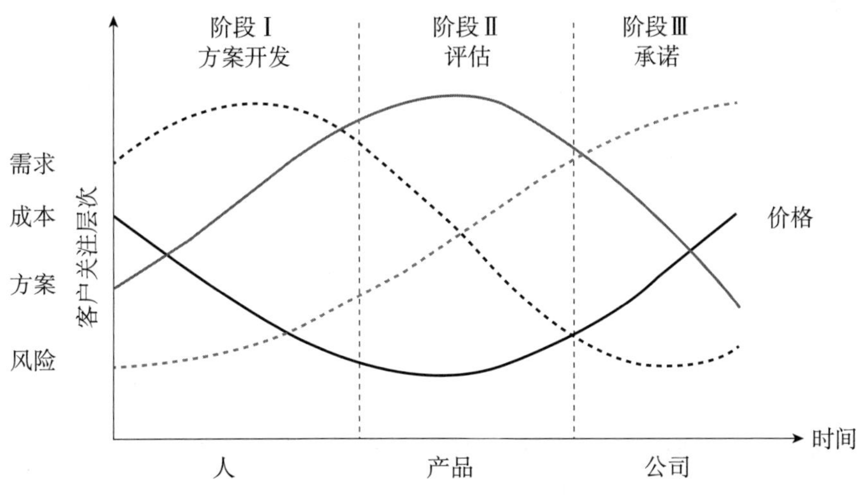

图5-3　客户关注点变化曲线

（1）需求变化曲线

项目前期，客户自发或被供应商引导，分析目标和现实之间的差距、存在的问题与障碍、需要解决的问题等。需求梳理清晰后，项目中期和后期，客户对需求关注度逐渐下降。

（2）成本变化曲线

项目前期，客户虽然也关注成本，但并不关注详细成本。此阶段，客户只需要知道成本范围，评估公司是否愿意花这笔钱。若成本过高，没有投资可能性，项目可能提前停止。项目中期，客户对成本的关注度下降。项目后期，客户会货比三家，要求供应商提供明细报价清单，分析各家报价是否合理，希望以最低投资得到最高回报。

（3）方案变化曲线

项目前期，客户重点在思考："我为什么要改变？我必须改变吗？"各家供应商提供方案的目的，是帮助客户下定决心。项目中期，客户需求已经清晰，客户开始研究和评估各家供应商的方案，开始思考："这些方案能否满足我的需求？"客户完成了评估，选择了最佳方案，进入采购流程。

（4）风险变化曲线

项目前期，客户可能还没有下定决心去做，此时风险意识不强。项目中期，需求逐步清晰，客户知道了存在的问题或障碍，以及可能存在的风险。临近最终决策，客户有一种不安全感，会产生各种顾虑，担心自己选错了合作伙伴。这个阶段，客户会思考如何避免风险；如无法避免，就要把风险降低到可控范围内，并要供应商提供风险预案。

在复杂项目中，需求、成本、方案和风险都是客户的关注重点，但不同阶段重点不同。结合图 5－3，项目前期，负责确定需求的人影响力相对较高；项目中期，负责评估方案的人影响力相对较高；项目后期，负责评估风险和成本的人影响力较高。

手机扫描二维码后，你将看到“决策模型”的视频课程讲解。

问题 5：某个角色的参与度，在不同阶段是否会变化

在实战工作坊中，经常有人问：“某个角色的参与度，是相对固定的，还是会变化?”

教练说：“不同角色在项目各阶段的参与度可能会变化。”

有人统计了很多项目，发现了规律，总结了一个参与度模型。以销售进程为横坐标，三类角色参与度为纵坐标，如图 5－4 所示。

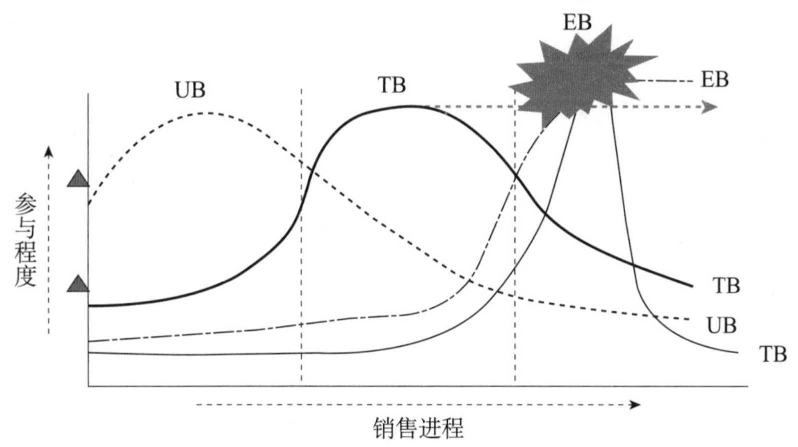

图 5－4　参与度变化

注：本图中存在两条 TB 曲线，原因在于，在真实情况下，有的 TB 负责招标流程，有的负责监察审计，不同 TB 在某个阶段的参与度并不完全一致。

关于UB参与度变化曲线，项目前期，客户重点关注需求。需求的源头主要有两类，一类是管理诉求，从上而下发起；另一类是业务需要，由下而上发起。不管哪一类，最终都会落实到业务部门。前期，UB分析现状和目标的差距，通过与供应商沟通，逐步厘清存在的障碍和问题，可以改善的空间，形成需求。

因此，项目前期UB很活跃，参与度高；项目中期，UB活跃度降低。部分项目的UB参与度继续下降，远离决策中心。但有些项目，UB参与度回升，比如主管副总，又回到“高位”参与最终决策。UB参与度大多呈现“高-中-中下-中下”的走势，少数呈现“高-中-高-中下”的走势。

关于TB参与度变化曲线，项目前期，TB配合UB梳理和汇总需求。需求确定后，TB协助评估各家方案，拟定采购方案，多维度评估各家供应商，参与度较高。TB参与度一般呈现“低-中-高-中下”的走势。少数TB，最终维持在高位，参与最终决策。也有些TB，前期中期几乎不参与，后期直接参与决策，例如监察审计、外部评标专家等。

关于EB参与度变化曲线，EB关注组织长期发展和战略目标，不会关注细节。部分项目自下而上发起，所以项目前期和中期，EB参与度不高，甚至很少露面。部分项目由EB发起，所以前期参与度较高，逐步下降。项目到了后期，EB参与度会突然升高。EB参与度一般呈现“低-低-高”的走势。

当然，大家也不要刻舟求剑，这个只是普遍规律，不同项目都有自己的特点，要根据客户的实际表现来判断“到底是谁说了算”，我们发现，不同项目中不同的角色说了算；同一个项目，谁说了都算，但谁说了也都不全算；不同阶段，不同内容，不同的角色说了算。

本节要点回顾

（1）影响力的影响因素包括：SSO、职务级别、工作职责、资历、专业知识、风格。

（2）参与度的影响因素包括：岗位职责、专业水平、决策流程、优先事件和内部政治。

（3）参与度和影响力之间没有必然联系。

（4）若一个项目是集体决策，一人一票，每个人的影响力并不一样。

（5）如果反馈模式为 EK 模式或 OC 模式，但参与度很高，背后可能有深层次原因。

（6）不同角色的影响力和项目阶段有关系。

（7）不同角色的参与度，在不同阶段会变化。

（8）UB 的参与度一般变化：高-中-中下-中下。

（9）TB 的参与度一般变化：低-中-高-中下。

（10）EB 的参与度一般变化：低-低-高。

任务 6：组织结果和个人赢

面对同一个方案，为什么客户内部有些人积极支持我们，有些人模棱两可，有些人还会反对我们，背后的原因是什么？

有些销售人员会说：支持我们，是因为我们有实力，我们的产品能帮客户解决问题、创造价值。如果真是这样，我们给他多讲几次方案，演示几次产品，参观几个样板客户，介绍清楚产品和方案的价值，所有人都会支持我们吗？

现实中，我们讲过很多遍方案，有些人依然反对我们。

因此，我们要分析背后的原因。在本任务中，我们将分析项目带给组织的价值以及客户关键人的个人赢，找到客户支持我们的“启动按钮”。我们总结了实战过程中的常见问题，并给出建议。读者可以应用这些知识点，选择一个正在跟进的项目，用实战练习工具分析关键人的个人赢。

知识点

很多时候，销售人员是这样思考的：我们有一个很好的产品，可能是一种设备、一项技术、一种解决方案、一套理论体系等。如果客户将我们的产品应用到具体的业务中，例如供应链管理、生产过程管理、成本控制、仓库管理、质量管理、财务管理等，就会产生良好的效果，给企业带来收益。这种收益包括帮客户降低成本、开源节流、加强控制、提高效率等。

这种思考角度，是从客户业务和我方产品出发，分析为客户组织创造的价值，我们简称为组织结果。这种结果源于业务需求，并对业务产生影响，可量化。它是公司层面的，通常会影响很多人。

这种思考角度非常重要，但还不够。除此之外，还要从另一个角度进行思考（见图 5-5）。

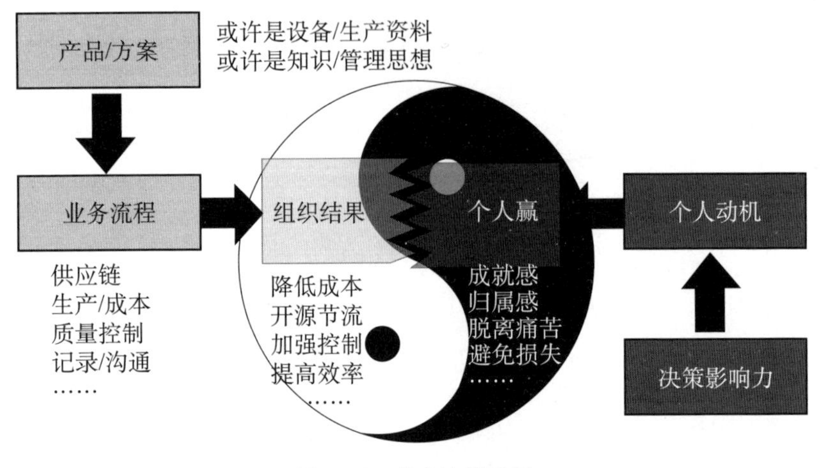

图 5-5 客户决策动机

客户内部每个关键人，对决策都有不同的影响力。任何采购，对他都意味着变化，都会带来影响。每个人根据自己当下的处境和对未来的期望，去评估这种变化带给自己的个人价值。如果评估的结果是利大于弊，就可能投支持票；如果弊大于利，就可能投反对票。

个人利益和个人价值来源于个人决策动机，基于自身处境的感受，基于对某种变化的愿景和期望。我们把这种个人利益和个人价值叫作个人赢。和组织结果不同，个人赢源于个人的处境，面向自己的概念，是无形的，不可量化，是个人层面的，是一种个人的感受。

组织结果和个人赢，类似太极的阴和阳。组织结果是阳，是表现出来的，可以光明正大地说出口，写出来，甚至挂到墙上，可以出现在各类总结报告和文件中；个人赢是阴，只可意会不可言传，是彼此达成默契、不宜明说的内容。

组织价值和个人赢是两回事，甚至可能有矛盾。有些项目看似对企业很有价值，但对个人价值不大；有些项目实施了，企业受益，但某些个人有损失。如果组织结果和个人赢都能实现，项目就有了源源不断的动力，顺利推进，皆大欢喜。但如果两者出现矛盾，那么哪个会占上风？

大部分情况下，个人赢会占上风。

如果某个项目损害了个人赢，哪怕对组织结果再有利，支持项目的人也不会多。除非他能做到“大公无私”“损私利公”。

如果某个项目虽对组织有利，但有损个人赢，很少人会直接说“因为对我个人有不利影响，所以我不支持”，大多数人会说用组织结果来表达。

所以，如果某人说“你们的方案不适合我们公司”，销售就要仔细分析，未必是“不适合公司”，极有可能是“不适合我”，是因为没有满足他的个人赢。其实组织是个虚幻的概念，它是由许多人构成的。表面上每个人都代表组织说话，其实背后都更在乎个人赢。

为了帮助大家更好地理解两者的区别，请看图 5－6，这是营销咨询领域的领导者——米勒黑曼公司经统计得出的四类角色眼中最常见的组织结果。

EB	UB
1.更高的投资回报 2.增加销售 3.提高效率/生产力 4.低拥有成本 5.灵活性 6.盈利能力 7.平稳的现金流	1.可靠性 2.提高效率 3.提升技能 4.满足性能要求 5.最佳解决方案 6.更好、更快、更轻松地完成工作 7.通用性 8.出色的服务 9.易于学习和使用
1.满足规范 2.超过规范 3.及时交付 4.最佳技术解决方案 5.折扣、价格 6.条款和条件 7.符合法律要求	注：教练没有他们自己的组织结果，只有个人赢。 如果教练担任其他影响者角色，则有自己的组织结果。
TB	Coach

图 5-6　常见的组织结果

图 5-7 是米勒黑曼公司统计出的最常见的个人赢。

保持权力	还贷
控制他人	增加职责和权威
更加安逸	追求一种生活方式
保持现有职位	更自由自在
提高技能	得到提升
提高个人工作效率	让别人感恩
促成变化	独立
解决问题的能手	教育
做出贡献	高人一头
增加精神激励	增加信心
得到认可	避免失败
增加发展潜力	失去信任
提高社会地位	失去名声
有更多的休闲时间	失去工作
得到更多的权力	一直很焦急
增强自尊	降级
感到更安全	离开公司
优秀的表现	使老板和同事感到愤怒
被看作领导者	情绪低落

图 5-7　常见的个人赢

手机扫描二维码后，你将看到“组织结果与个人赢”的视频课程讲解。

实战练习

· 请继续分析你已经选择的项目。

· 分析每个关键角色的组织结果和个人赢，用简要的文字描述。不要从示例中抄答案，而应该结合每个实际项目去分析。

· 有些人可能还不确定，可以先推测并备注“?”，后期尽快完善。

· 将你的答案记录在表 5-4 中。

表 5-4　组织结果与个人赢

序号	姓名	部门职务	角色（EUTC）	细分角色	组织结果	个人赢

常见问题

如果我们的方案没有满足他关注的组织结果，方案很难获得认可。如果我们的方案没有满足相关人的个人赢，他可能不会真心支持我们。只有两者都满足，项目才能顺利推进。我们总结了此环节的常见问题，供你参考。

问题 1：分析组织结果和个人赢，没有考虑项目背景

墨菲定律说，如果你担心某种情况发生，那么它就更有可能发生。

在实战工作坊环节，如果不给组织结果和个人赢的具体示例，大家比较难理解。给了之后，虽然再三提醒不要生搬硬套，不能直接抄表格中的描述，但最终结果，不少人还是会这么做。

例如，有两个项目，其中一个项目的 EB 是即将退休的事业单位总经理；另一个项目的 EB 是一个刚刚被提拔的民营企业的副总。虽然两个项目内容基本一样，但这两个 EB 关注的组织结果和个人赢，一样吗？

答案是极有可能不一样。在这个环节，教练需要提醒大家，把示例先放一边。每个团队要结合自己的实际项目，思考一下，如果这个项目做好了，相关人所在组织能实现什么？他个人能实现什么？例如，某人是信息部经理，把他所管辖的部门当作一个整体去思考，他的组织结果可能是“信息部将可以实现……”

问题 2：组织结果不等于组织目标

有个团队在分析项目时，觉得绝大部分人的组织结果都一样，都是实现二次创业。

教练问：“你们做出这个判断的依据是什么？”

有人回答：“因为他们行业冒出了一家新公司，产品功能更多，价格还低，这几年不断抢占他们的市场份额，导致他们业绩持续下降。所以客户领导提出了二次创业的口号，要求扭转劣势，用三年时间，营收翻番，再造一个企业。这是他们企业的战略目标，这些项目都是为这个目标服务。”

教练说：“各位，你们描述的目标，是企业接下来三年的总体目标，是组织目标，也称为战略目标。战略目标会分解到各个部门，各个部门有业绩指标。为了实现战略目标，客户会做很多项目，每个项目都有一个小目

标。我们分析的组织结果，是指某个 SSO 实现之后给组织带来的。很多个组织结果共同支撑组织目标的实现。这个项目中，使用部门的负责人希望实现什么？"

有人回答："他希望实现从产品型销售到方案型销售的转型。"

教练说："能具体一些吗？能量化吗？比如，通过一年时间，解决方案型销售收入占比从 30%提升到 40%？或者培养多少个能做解决方案型销售工作的团队，拿下多少项目？这些都是组织结果。大家结合客户每个部门的职责，以及每个人的关键绩效指标，思考他最关注的组织结果可能是什么。"

问题 3：不同人的个人赢，高度雷同

很多团队在分析不同角色的个人赢时，高度雷同，总结起来就是四个字：升职加薪。

教练问："每个人的价值观不同、处境不同，即使面对同样一个项目，他们希望获得的个人价值会一样吗？"

大家回答："可能不一样"。

教练说："举个例子，前段时间热播的电视剧《人民的名义》，沙书记、高书记、季检察长、达康书记、易书记和侯检察官，都是官员，他们的个人赢一样吗？"

很多人都摇头。这里面每个人的个人赢，可能都不一样。

教练说："组织结果相对容易找，从解决方案为客户创造的价值，结合各部门的岗位职责和绩效指标，可以推测出来。销售高手和普通销售最大的差别是分析个人赢的能力。表面上看，客户是因为组织结果向我们购买，实际上是因为方案满足了大多数人的个人赢而购买。大家结合每个关键人的背景、经历、当下处境，思考一下他的个人赢可能是什么。如果不清楚个人赢，哪怕你和他再熟悉，你们也可能是最熟悉的陌生人，因为你都不清楚他为什么支持你。所以，如果对手更好地满足了他的个人赢，他可能从最初的支持者变成中立者，甚至成为你的反对者。”

问题 4：组织结果和反馈模式之间有逻辑关系

有些团队分析的关键人的组织结果和反馈模式之间，有逻辑矛盾。

教练问：“比如，这位王经理，他的组织结果是什么？”

有人回答：“希望提升流程审批的效率。”

教练问其他人：“如果只看组织结果，你们觉得，他的反馈模式可能是什么？”

有人回答：“感觉像 G 模式。”

教练说：“但第四组目前判断的是 T 模式。王经理很着急吗？对于目前的审批流程，他和他的领导是什么感觉？”

有人回答：“他很着急，因为公司最近几个项目需要投标，都需要提交资质文件的原件，要拿原件就要多个领导审批。一旦某个领导去开会或出差，审批速度就变慢。有一次因为审批流程，差点耽误了投标时间。所以，公司主管行政的副总发了狠话，必须尽快解决这个问题。”

教练说：“如果是这样，他的反馈模式很有可能属于 T 模式，他眼中的组织结果，表述为‘尽快解决因为纸质审批流程效率低下而导致项目投标受影响的问题’是否更恰当？

“如果换一种情况，公司目前的审批流程表现还行，没遇到什么麻烦。王经理了解到移动办公是发展趋势，尝试在公司内推动移动化办公。这种情况下，他的反馈模式更可能是 G 模式。

“反馈模式和组织结果之间存在逻辑关系。如果判断他属于 G 模式，请找出他希望在哪些方面做得更好，现状和目标之间的差距在哪里；如果判断他属于 T 模式，请找出他当下的痛点，思考他的燃眉之急是什么。如果他的反馈模式属于 EK 模式或者 OC 模式，组织结果有可能就是维持现状，不做改变。请大家对照自己项目的关键人，思考一下，反馈模式和组织结果之间，是否有类似逻辑矛盾？若有，请优化。”

问题 5：分析组织结果时没有考虑角色差异

有个团队分析关键人的组织结果时，没有考虑角色差异。比如，有三个不同部门的处长，而组织结果都是“选择最佳解决方案”。

教练问：“这三个处，分别属于什么部门和角色呢？他们关注的组织结果完全一样吗？”

有人回答：“这三个处包括基础建设处负责机房建设；应用处负责开发具体应用产品；运维服务处负责后期运维。三个处长都是 TB，所以我们觉得他们都想要最佳解决方案。”

教练问：“他们三个人，分别负责建设、应用和维护，他们的岗位职责一样吗？如果有绩效考核指标，三个人的考核指标会一样吗？”

有人回答：“应该不一样。”

教练问：“组织结果很多时候和岗位职责、绩效指标相关。通俗点讲，如果这个项目做好了，他们某个指标会完成得更漂亮，绩效更佳。比如，如果这次用了云存储，运维部门的工作量可能大大降低；但这样做，可能会降低基础建设处的重要性，因为不用新建机房了。你们觉得，怎么描述他们关注的组织结果更合适一些？”

有人回答：“基础建设处的组织结果可能是‘在公司要求期限内完成扩容’，应用处的组织结果可能是‘根据业务部门需求完成产品上线’，运维服务处的组织结果可能是‘降低运维工作量，提升数据安全性’。”

问题 6：同一个人，不同个人赢之间会有优先级排序

有个团队在分析某个角色个人赢时，写了很多条。

教练问：“这个人最关注的个人赢，究竟是什么？”

有人回答：“这是我们的老客户，认识比较久了。我们小组经分析，发现他有很多想法，有可能有多种个人赢，所以都写了出来。”

教练说：“其他组是因为不熟悉，所以写不出来。你们是太熟悉了，反而不好取舍。马斯洛需求理论把人的需求分为五个层次，分别是生理需求、安全需求、社交需求、尊重需求和自我实现。这五种需求同时存在于每一个人身上。一般来说，客户职务级别越高，需求层次越高。

“例如，有些销售人员发现，他们以前纵横江湖所向披靡的三板斧：吃饭喝酒、卡拉 OK 和回扣，越来越不管用了。细究原因，是外界环境发生了巨大变化。当人低层次需求被满足之后，它的激励作用就会降低，更高层次的需求会取代它。随着生活水平提高，很多客户已是三高患者，十分注重养生保健，害怕大吃大喝。有些客户宁愿去电影院看电影，或者自己掏钱听音乐会，也不愿意去吵闹的卡拉 OK。随着企业管理的规范化和透明化，客户也不愿意为了一点回扣，影响自己的职业发展。

“每个人都有多个层次的个人赢，我们要结合项目，结合他当下的处境，探寻当下最重要的个人赢，这才是客户做出决策的动力。当分析某个关键人，写了一堆个人赢时，我们需要再深入思考一下，如果只能选一个，你会选什么？为什么？”

问题 7：组织结果和个人赢，是否会发生变化

在实战工作坊中，经常有人会问：“在一个项目中，某个人的组织结果和个人赢会不会发生变化？”

教练说：“我给大家讲一个真实案例。有一个销售人员向一家民营公司销售远程办公系统。项目方案修改了多次，最终提交总经理审批。这个公司的董事长和总经理是夫妇，他们创业 18 年来，重要事情都是直接签字。

他们觉得远程办公项目可以先缓缓，项目被搁置下来。

“老板的儿子在美国留学，毕业后在美国成家立业。半年后，儿媳妇生了小孩，老板夫妇都去美国帮助照顾小孩。这时候，重要事项的审批就成了难题。总经理想起了曾经有个销售人员，为这个项目忙活了几个月，给她介绍过好几次远程办公系统，印象还不错。于是，总经理安排人联系原来做方案的销售人员，一周内就敲定了合同。

“这个项目中，组织结果没变，但个人赢发生了变化。所以，我们说某个人的组织结果与个人赢，一定是对当下的判断。我们要时刻留意各种变化，通过客户的言行举止，分析当下的组织结果和个人赢，否发生了变化。”

本节要点回顾

（1）客户之所以选择我们的产品，是因为我们为组织和个人都创造了价值。

（2）组织结果是方案对客户组织带来的影响，源于业务需求，对业务产生影响，是公司层面的，通常影响多人。

（3）组织结果是有形的、可测量的、可量化的。

（4）个人赢是方案对个人利益的影响，是个人层面的，只是个人感受，面向个人动机。

（5）个人赢是无形的、不可测量的、不可量化的。

（6）客户关键人的组织结果，并不等同于组织目标。

（7）同一部门的人，每个人的处境不同，价值观不同，个人赢也不一样。

（8）组织结果和反馈模式之间有逻辑关系。

（9）同一个人，不同个人赢之间会有优先级排序。

（10）在项目不同阶段，组织结果和个人赢都可能发生变化。

第六章　初定应对策略

项目能否赢，不是取决于我们付出了多少，我们实力多强，打败了多少对手；而是取决于客户内部支持我们的人有多少，支持者在客户内部能不能赢。

在销售中，有些人喜欢用一个词“搞定”，觉得销售就是要搞定人。其实每个人都希望自己做出自由选择，不喜欢被推销，被谁“搞定”。己所不欲，勿施于人。我们应该换一种思路，不去推销产品，而是帮助客户漂亮地完成采购任务，实现他们的目标。销售人员的任务就是找到这些关键人，了解他们的处境和期望，探讨解决之道，和客户达成共识，获得他们的信任和承诺，得到他们的支持。他们赢了，我们就赢了。

分析完目标和形势，识别了关键人，接下来就要基于总体形势，思考如何应对关键人，制定行动目标和计划、部署资源、准备行动。本章我们将完成应对关键角色和资源配置两个任务。

任务 7：应对关键角色

在前面的章节中，我们从角色、态度、支持程度、参与度、影响力、组织结果和个人赢这些维度，分析了每个关键角色。大客户销售从表面上看是把产品卖给某个客户，是一个组织在购买，而实际上是卖给了客户里的几个关键人，是多人和多人之间的购买。我们要想赢得一个项目，就要获得这些关键人的支持。我们根据数百个实战项目，总结出一些应对各类角色的要点，给出了建议，接下来一一阐述。

知识点

应对 EB 的建议

有些销售人员有个观点："搞定了老板就搞定了项目"。这种观点在小项目中比较实用，在中大型项目中则风险较高。首先，规模越大，老板越不可能事无巨细样样都管。一言堂的老板正在逐渐变少，老板更喜欢在管理团队推荐的基础上做决定，决策前也会听取下属或"专业人士"的意见，以降低选择的风险。其次，级别越高的领导，越不会轻易表态支持某一方。他们的"政治意识"很强，对各家都很客气，不轻易站队。最后，如果下面人反对，即使搞定老板拿下了订单，后期项目实施难度也会很大，收款也可能有风险。

如果有些项目中，不知道谁是 EB，你可尝试以下三种方式。（1）直接探问当事人。前提是双方已经充分沟通并建立信任，注意尊重对方和提问技巧。例如询问："王总，关于这个项目，我们按照您的要求尽快完善方案。如果您确定了，还要给其他领导汇报吗?"如果还要，可能他并不是真正的 EB。（2）请教你的 Coach，因为 Coach 对客户的决策结构比较了解，能比较准确地知道在这个项目中谁是 EB。（3）根据同类项目经验、客户购买习惯和历史、授权体系等进行推测，或者请教公司里做过类似行业、客户、项目的有经验的同事，大胆推测，小心求证。

有些项目中，想见 EB 会被中层阻挡。中层阻挡背后的核心是风险，因为他不清楚，你为什么要见他领导，你会和他领导谈什么。应对总体原则：让中层看到你见高层对他的价值，并且分享你见高层的目标和内容，探询他的意见，消除他对“未知”的恐惧和担心。首先解决中层关注的问题和顾虑，得到中层信任，并帮助中层在高层处赢得更多信任。如果中层和你共同设计见 EB 的谈话过程，将大大提升拜访高层的成功率。若凭借良好的高层关系绕过阻挡者，恐有潜在风险，忽视就是威胁，小心他可能因为被忽略而抵制甚至报复你。

有些销售人员怕见高层，因为不知道高层在想什么。其实高层也是人，他也有七情六欲，也有艰难困苦，他遇到的挑战和烦恼一定比中下层员工更多。人与人交往的核心是价值交换，拜访高层是否成功的关键，是你能否针对他当下的关注点，提供有价值的信息。想他之所想，高层关注组织战略，思考项目如何支撑战略目标。提前准备，了解他可能关注的领域，可通过网络、杂志、传记、发表的文章、内部文件、年中和年末的发言等，了解客户所在行业的动态、客户所在组织的战略、高层今年的关注领域等。与支持者和 Coach 沟通，进一步了解高层的想法。结合上述信息，准备素材，目的是提供“有用的信息”，可考虑用“简报”的方式呈现，多谈要点少谈细节。若有可能，还可以引进外部专家，利用第三方的权威和意见，探询高层的想法，提升高层对我们的认同度，获得高层的好感和信任。

有些销售人员不知什么情况适合拜访 EB。以下四种情况，适合见 EB。(1) 项目由 EB 发起，需要和高层沟通整体思路；(2) 前期工作扎实，中层主动引荐；(3) 有些只有 EB 能确定的关键信息，需要和他确认；

（4）整体形势落后，期望通过和 EB 沟通，改变 SSO。

应对 TB 的建议

有些销售人员对 TB 有误解，觉得他们“刻板、不通人情、认死理、死抠细节、挑剔、找碴儿、自以为很专业……”其实他们仅仅是基于自身职责，筛选合格供应商。

有些销售人员会被 TB 的需求误导。虽然 TB 也会提需求，但 TB 提出需求的背后原因，是为了服务好他的内部客户 UB，UB 的需求才是真正的源头。

有些销售人员会被 TB 的需求权限误导。某些项目中，看起来 TB 权力很大，他会参与项目选型，被授予筛选权、考察权、推荐权等，其实并没有项目决策权。表面上看是 TB 选择了方案和供应商，实际上他是被授权的，只是代表组织公布选择结果。说到底，他只有否定权，没有决定权。

需要维护而非挑战 TB 的专家形象。多数 TB 认为自己很专业，虽然在供应商看起来他不一定专业。但供应商还是应该充分尊重 TB，并在客户内部帮 TB 塑造其“专家形象”。

与 TB 沟通的重点是细致了解 TB 关注的标准，强化对我方有利的标准。如果销售人员发现某些标准很特别，或者对我们不利，一定要询问背后的原因，以及最终要实现的目标，协商变通之道。若想获得 TB 的大力支持，必须去探索他的个人赢，并把我们的优势和他的个人赢关联起来。

应对 UB 的建议

有些销售人员觉得 UB 作用不大，不重视 UB。我们探讨过，UB 的需求是项目的源头，改变源于业务需求或组织对业务的管理诉求。产品需要成功应用，才能带来业务结果。若忽略了 UB，即使 EB 或 TB 直接做出了购买决策，后期实施起来难度也会较大。因为 UB 不会欣然接受，甚至会想办法抵制，最终影响使用效果，无法实现预期价值。

在销售过程中，我们可以采用调研、访谈等形式，了解 UB 目前在使用过程中存在的问题、障碍和麻烦，询问感受，让 UB 分享他们的处境、动机和想法。了解 UB 曾经尝试的努力、希望看到的解决方式；共同分析改善后可能带来的业务价值，“用事实说话”，量化结果，形成方案框架。在制定方案过程中多征询 UB 的意见，让 UB 觉得他负责“想法”，我们负责“做法”，双方共创解决方案，提升他对方案的拥有感。

与 Coach 合作的建议

如何和 Coach 有效合作？Coach 适合出谋划策，不适合冲锋陷阵，出面越少越好，知道的人越少越好。我们要和 Coach 在共享信息的基础上，一起协商下一步的策略和行动计划，以提升策略计划的精准性和有效性。

和 Coach 合作的禁忌是不能向 Coach 提出此类问题：你能把我介绍给这个人吗？你能不能帮我搞定他？

哪些人适合发展成 Coach？当下处境特殊的人、采购结果对他影响较大的人、想通过这个项目满足个人赢的人、和销售人员共通点（三观、经历、爱好等）较多的人。

如何发展 Coach？销售先和潜在 Coach 建立基本信任关系，再创造条件，深入沟通，进入“谈心”境界。销售人员逐步探索到了对方的个人赢，将我方优势和对方的个人赢建立联系，让潜在 Coach 看到他的个人赢如何能得到满足。每一次和客户沟通的经历，都会增加或者降低客户对你的信任度，都是关键时刻。

与 EK 模式关键人沟通的建议

不要因为某个关键人对项目不太积极，就轻易地给他贴上 EK 模式的标签。我们需要了解他对现状的感知和感受、对改变的预期，以及他说了什么、做了什么，多维度收集信息，判断他的反馈模式。

尊重客户的感知。不要纠结于你所看到的事实，因为世界是每个人感知的世界。在我们看来，这个客户可能存在很多问题需要解决，或者通过某个方案可以为他锦上添花，未必他的反馈模式就是T模式或者G模式。也许他自我感觉良好，但我们也要先认同、理解，才可能引领客户走出他的世界；销售人员要放下自我，放下心魔，接受客户当下的状态。

对EK深挖痛点要慎重。有些销售人员和客户沟通，常用的策略是先问现状，找到客户的痛点和难点，然后在伤口上撒盐，最后告诉客户有解药，也就是自己的产品或方案。如果客户处在“平衡”状态，感觉比较舒服，你直接用“锋利的刀”逼迫他承认有问题，客户可能会反感甚至抗拒。建议通过柔和的方法，让客户自己认识到虽然现状还行，但未来可能有风险，或者和同行相比，自己也可以再进一步，变得更好。

如何把EK模式变成G模式？沟通原则是“先同后异，先跟后带”。先理解他的处境，尊重他的认知和感受，这就是“同”和“跟”。用同行业、同职位，最好相同处境的其他客户为例，用事实和第三方成功故事，描述当时这个客户的处境、目标、问题和障碍、解决方案，得到的价值、幸福的工作场景和愿景等，然后问他：“不知道这种思路对我们有没有启发？”帮客户自己建立起新的期望，这就是“异”和“带”。

如何把EK模式变成T模式？基本的思路和方法与上面“把EK模式变成G模式”相同，区别在于，上面讲的是“幸福故事”，这里要讲“恐怖故事”。在充分调研客户实际情况的基础上，分析真实问题，让客户理性认清现状，意识到“现状”的严重性，让客户对项目的态度从EK模式变成T模式。

有时候，可以借力打力。例如通过客户内部的人互相影响，或者通过我们的支持者去影响其他人。通过UB影响TB，通过上级影响下级。如果一个人本来采取EK模式，但上级觉得这个项目很重要，把这个项目列为他的重要工作，不能按期完成可能会产生负面影响，超额完成会有较多收益，他的反馈模式就可能变成T模式或者G模式。

若改变难度较大，我们可以暂时维持现状不变，把更多精力投给采取G模式的人和T模式的人，对采取EK模式的人保持礼节性尊重和关注。

与OC模式关键人沟通的建议

不要因为某个关键人的自我感觉良好，就贴上OC模式的标签。有些客户本身很自信，或者对你的信任度不够时，都会先说自己好的一面。

如果一个人真的是OC，那么一定有他的理由。销售人员不要急于推销，可先以“学习者”的姿态去请教“客户的成功经验”。若有需要，可搭建更大舞台让客户充分释放，等“孔雀开屏”了，完全释放后，再询问：“我们还有什么方面可以帮您做得更好?”

在这个过程中，需要更深入地先“跟”后“带”。只有先认同和理解，最后才可能把客户“带”过来。和应对采取EK模式的人相比，应对采取OC模式的人需要更多地放下自我、倾听和理解客户。和采取EK模式的人沟通，可以花60%的时间去“跟”，40%的时间来“带”；和采取OC模式的人沟通，你可能需要花90%的时间去“跟”，10%的时间去“带”。对于采取绝对OC模式的客户，前几次交流中，我们只有“跟”，没有“带”。

采取OC模式的客户一般自我感觉特别好，通过提问让他们清醒地认识现状并正视问题，难度较大，稍不小心就会引发对方反感。因为人人希望被认同，不希望被否定。有时遇到在某些方面很专业的人，如果请自己公司的专家或高管去沟通，需要慎重，因为牛人大多采取OC模式。两个采取OC模式的人走到一次，唇枪舌剑，最终受伤的可能是没有参战的销售人员。

若改变难度较大，不妨保持现状，对采取 OC 模式的客户保持礼节性尊重和关注，将主要精力投给采取 G 模式的客户和 T 模式的客户。

与 G 模式关键人沟通的建议

不要因为客户曾经说过要变得更好，就贴上 G 模式的标签。因为人人都希望变得更好，但很多人又不想花成本。

如何获得 G 模式关键人的支持？首先要详细了解他对现状的感知和感受、对未来的期望、两者的差距和可提升空间，确立共同的目标。然后探索他曾经做过哪些尝试？效果如何？现在想如何提升？基于上述信息，我们再分享可能的方案，最终共创出双方都接受的双赢方案。在这个过程中，要通过场景化的故事，让客户提前看到“改善后带来的价值”，感受到“未来美好的工作场景”。

和采取 G 模式的人沟通，前期可以“务虚”，可邀请对客户行业有深入研究、有独到见解、善于描绘宏伟蓝图的专家，帮助客户梳理需求，提出总体规划和近期落地项目。

在一个项目中，如果采取 G 模式的人太多，未必是好事。采取 G 模式的人想法多、变化快，因为没有急迫需要解决的问题，所以不着急，这样不利于项目推动。采取 G 模式的人思维活跃，发散性强，没有最好，只有更好。过度发散，可能提出超出我们能力的需求，项目无法落地；想法越多，项目范围就越大、方案就越复杂；参与决策的人越多，决策周期越长，项目可能遥遥无期。

与采取 G 模式的人沟通，需要引导对方，适时聚焦或收敛需求，梳理形成可落地的项目。如果客户坚持“宏伟蓝图”，可尝试“整体规划，分期实施”的思路，先推动当下最易实施的项目。

与 T 模式关键人沟通的建议

不要因为客户曾经很着急，就匆忙贴上 T 模式的标签。也许时过境迁，当时的问题已经解决，或者已经没有那么重要。

采取 T 模式的人最关注的是当下的问题和麻烦，因此我们要全面了解他的现状：当下的问题是什么？问题背后的问题是什么？是什么原因导致的？可能会带来哪些影响？这个问题有哪些解决思路？他曾经做过什么思考或尝试？他希望如何解决这些问题？

和采取 T 模式的人沟通，前期一定要"务实"，可邀请曾经为其他客户解决过类似问题的人出面，详细剖析问题产生的原因、可能造成的损失和影响、解决此问题的思路以及要点。我们介绍得越翔实、越具体、越接地气，客户心里就越踏实。

采取 T 模式的人着急，希望快速购买，但未必买最好的，未必买最全的，而是买最能解决燃眉之急的产品和方案。采取 T 模式的人关注的更多是"点"，所以项目金额不大。更重要的是，客户可能只看到了"症状"，而没有看到"病因"。表面上客户要的是"药"，实际上客户要的是"治病"。因此，我们不能直接给药，否则有可能"吃了药也没用"。我们要做深度调研，诊断现状，梳理问题和"病因"。在一个组织中，各部门、各角色会相互影响，客户内部存在"价值链"或"痛苦链"，以显现的问题为线索，纵向和横向延伸，扩大需求范围。在这个过程中，一方面找准了"病因"，另一方面也扩大了需求。

我们要特别关注采取 T 模式的人，因为一旦他关注的问题被优先解决了，积极性可能急剧下降；对于项目其他内容，可能采取 EK 等反馈模式。在此过程中，适时引导，争取把他变成采取 G 模式的人，或者找到新的痛点，保持 T 模式。

综合考虑支持程度、参与度和影响力

支持程度要量化，建议每家企业可根据客户类型（例如政府、外企、国企、民企等）和项目类型，细化不同支持程度的判断依据，包括客户的关键语言、具体行动等，越详细越好。

建立“根据地”，然后不断强化支持者，发展中立者，使支持程度从高到低形成同心圆，再扩大“根据地”。

Coach适合当谋士，对我们的支持程度不宜表现过高，不宜出面做太多事情，否则可能会弄巧成拙，失去Coach的价值，提前成为“烈士”。

利用客户内部力量互相影响。利用客户内部的支持者，在其职责权限内，影响其他人。例如上下级之间、UB和TB之间，中层和决策层之间都可以互相影响。留意客户内部的政治博弈，争取尽可能多数人的支持，团结一切可以团结的力量，利用一切可以利用的矛盾。

结合复杂客户的决策模型，销售人员一方面要遵循规律，弄清楚现阶段客户组织中谁的参与度高，稳扎稳打；另一方面要利用规律，提前布局，必要的时候引入对我们有利的新人，改变局面。

影响力的影响因素主要有：SSO、职级、资历、专业、风格。每次分析项目时，都要思考这些要素有无发生变化。在不同阶段，不同角色说了算。找准当下的关键人，这样才能做到“重点突出，兼顾全局”。

大项目周期长，变化特别多，应留意各种变化，重点是项目关键人的变化。很多客户会定期进行组织机构和人事调整，很多人的职务和岗位随之调整。项目关键人一旦变动，很多工作需要重做一遍。因此，要特别留意内部的这种变化。

探索组织结果与个人赢

积累组织结果和个人赢，形成数据库。每个项目都要复盘，总结关键角色的组织结果和个人赢。项目赢单之后，销售人员一定要去拜访支持者，询问对方为什么愿意帮助你，探寻他的个人赢，逐步建立自己的数据库。当下次面对新的客户时，便可以根据之前积累的案例，描述第三方的成功故事，引发客户的共鸣和兴趣。

从客户战略维度思考组织结果。从客户所在行业的政策变化、经济变化、技术变化、客户的需求变化、竞争变化等维度，分析客户遇到的变化。梳理客户的应对战略，战略分解到每个部门的关键举措、关键目标和关键活动。各部门为了实现这些目标，才引入各种项目。顺着这个逻辑，分析某个角色当下最关注的组织结果。

从绩效指标维度思考组织结果。分析客户关键人的关键绩效指标（KPI），思考如果项目做好了，哪些指标会变化？我们有哪些优势可以帮助他更好地完成这些指标？在我方优势和他的绩效目标之间建立起强链接。

获知个人赢需要耗费大量的时间和精力，因此并不用了解所有人的个人赢；但在一个复杂项目中，至少清楚一个支持者的个人赢。越往高层，关键人的组织结果和个人赢的重叠度越高，因为高层就是组织的代言人。

实战练习

- 请继续分析你已经选择的项目。
- 结合之前的分析，思考应对这些人的总体策略。
- 将你的答案记录在表 6-1 中。

表 6-1　关键角色的应对策略

序号	姓名	部门职务	角色（EUTC）	细分角色	应对策略

任务 8：资源配置

复杂销售是多对多销售，是团队作战。很多项目都要组成团队来共同完成，在项目不同阶段，可能要请技术人员做调研，请方案经理写方案，邀请公司高层或专家与客户沟通。

提到用资源，不少销售人员都有过伤心往事。有时候好不容易请了一个公司内的“知名专家”，到了客户现场，给客户讲了一个高大上的 PPT，客户听完之后，当面说“果然是专家，高瞻远瞩”，事后却跟销售人员说“他讲的东西很炫，但感觉不能解决我们目前的问题”。有时候请领导见面，要么客户领导时间不好约，要么是自己领导时间不凑巧，即使见面了，双方说的大多是客套话。找顾问做调研，催了很久，最终给过来的却是一个标准方案，让销售人员哭笑不得。

出现这些问题的原因，是销售人员没有思考清楚有哪些资源可以使用，为什么要动用资源，什么情况下适合动用什么资源。在本节，我们将探讨这些问题。

知识点

资源分类

资源包括人、财、工具、时间和竞争对手等，其中最核心的资源是人力资源。

销售人员要积累这些方面的人力资源：

- 全国权威专家、协会领导专家、行业领域专家
- 公司高管、总部专家、产品经理、行业总监、行业顾问等
- 所在机构总经理、售前顾问、有经验的同事、兄弟机构销售人

员等

- 样板客户、全国同业用户、竞争对手客户等
- 客户内部支持者、反对者、中立者、无关者等
- 同业伙伴、跨领域伙伴等

除了人力资源外，销售人员也要关注这些方面的资源：

- 财务费用：公司相关政策、销售费用、可额外申请费用等
- 工具资源：必要的资料、方案等销售工具
- 时间精力：时间分配、精力分配等
- 竞争对手：没有竞争对手，你或将无法赢单

资源需要用心经营

大客户销售是团队作战，成功的销售人员都是会用资源的销售人员。能够发展、调动、维护资源是优秀销售人员的必备素质，有效、适当、合理使用资源，能够强化优势、提高赢率。错误使用资源会将项目置于不可挽回的境地，资源不是公司分配的，而是销售人员自己经营维护出来的。

资源永远是有限和相对缺乏的，因此如何经营好身边的资源，就变得特别重要，尤其是对于需要团队作战的大项目，经营好资源显得异常重要。

一个优秀的大客户销售人员应该：

- 关注每个资源所在领域、特点、风格、擅长应对的场景及角色等
- 积累个人化信息，如性格、喜好、禁忌、家庭及子女情况等
- 定期主动联系、沟通、关怀和维护
- 每次行动、项目有明显进展或成功签约，要及时感谢
- 申请资源时考虑对方在当下的业务诉求（组织结果）与个人赢

• 核心思考：如果你是对方（资源），为什么会支持“你（销售人员）”的项目？

在邀请资源支持你之前，作为指挥打仗的“客户经理”，需要考虑清楚以下问题（为什么要动用资源）：

- 为什么要安排这次行动？
- 这次行动主要是针对哪些角色？
- 该角色的态度和支持程度如何？
- 现阶段的参与度和影响力如何？
- 该角色关键需求是什么？组织结果和个人赢是什么？
- 具体要解决什么问题？
- 期望达到什么目标或效果？
- 资源出面的具体任务是什么？要注意什么？

想清楚这些问题之后，再和资源沟通，让资源充分理解项目的形势和本次拜访目标，根据这些进行充分的准备（话题、方案、证明材料等），才可能高效沟通——精彩是准备出来的！

销售人员在动用资源时，提前思考以下问题，有助于更好地达成目标。

- 任务目标与资源能力匹配度如何？
- 任务特点与资源风格匹配度如何？
- 资源风格与客户态度匹配度如何？
- 与资源就项目是否有沟通和互信。
- 资源是否对任务和客户有充分了解。
- 该资源是否最适合？
- 是否发现了资源的个人赢？

实战练习

思考未来两周的总体策略，制定目标以及行动计划，记入表 6-2 中。

表 6-2　高效使用资源

序号	面向对象	现状		目标		行动类型	行动目标	内部资源
		反馈	支持	反馈	支持			

最左侧的序号，是指拜访先后顺序。“面向对象”是指拜访谁，现状下面的反馈和支持，是指此时这个人的反馈模式和支持程度，例如 G，+1。目标是阶段性目标，而不是最终目标，是指经过两周努力预计可达到的目标，例如 G，+2。

行动类型，主要有七类，分别是：需求调研（了解客户的业务现状和需求）；技术交流（与客户交流你公司的技术或产品）；方案呈现（汇报为客户制作的解决方案）；产品演示/体验（讲解/演示/体验你公司的产品与应用）；客户参观（邀请客户参观公司或样板客户）；拜访（礼节性或正式拜访你的客户）；公关（拉近与客户关系的各项商务活动）。每次拜访，选择一个最核心的行动类型。

行动目标，指通过这两周的努力，你期望实现的结果。行动目标要具体、可行、可衡量，避免“让他支持我们”这种非常模糊的目标。

内部资源，指请谁帮你去做这件事情。内部资源主要有六类，包括高层领导（公司/总部事业部的高层领导）、机构经理（所在省/市/区域的机构主管领导）、集团专家（研究院或总部方案专家）、方案经理（解决方案经理/技术顾问）、客户经理（负责跟进的客户经理）、样板客户。如果一次拜访有多人参加，就选择一个最核心的人。

第七章　形势分析检查

我们接触过大量销售人员，发现项目的核心信息基本上都装在他们的大脑里。项目推进过程中，销售人员凭经验和感觉决定下一步怎么做，这是复杂销售 1.0 时代的方法。

经过结构化分析，大家梳理了目标、形势和关键角色，制定下一步策略和行动计划，这是复杂销售 2.0 时代的方法。

当今时代，大数据和人工智能已经无处不在，因此，我们也要与时俱进，借助这些技术，帮助我们多维度分析项目，优化策略，进入复杂销售的 3.0 时代。

接下来，就请将你正在跟进的项目，录入销售罗盘系统（网址 www.xslp.com），它是策略销售的在线应用软件。录完之后，系统会结合大数据和你输入的项目情况，提出很多问题，给出很多分析和提示。在我们已实施的上千场培训中，当销售人员看到系统提出的问题和给出的建议，很多人都惊叹，这个系统太神奇了，很多问题都问到了关键点上。

任务 9：形势检查

如果销售管理者问销售人员“这个项目有什么优势”，销售人员可能回答“我和客户关系不错”“我们的方案很有优势”“我们实力很强”“我们的价格有优势”等。如果销售管理者问“这个项目有什么风险”，答案也是五花八门。每个销售人员都根据自己的经验做出判断，有自己的一套说辞，很容易“只见树木，不见森林”。因此，我们总结了很多项目，发现了规律，汇总形成了“形势分析检查表”（见表 7－1）。接下来，我们将用这张表格，多维度分析，全面识别一个项目的优势、劣势和未知信息。

我们每隔一段时间都会去医院做体检。做体检的目的是为了知道自己的健康状况，看看有哪些方面需要特别注意，或者发现小病及时治疗避免更大损失。做体检的时候，我们会拿着一张体检表，按照上面的内容到各个科室检查。每个医生检查完，就会在对应的栏目签字，然后我们去下一个科室。我们最终会得到一份体检报告，这份报告会告诉我们，哪些指标合格，哪些指标比较危险，哪些需要进一步检查和确诊。

同样的道理，我们也应该定期给正在跟进的项目做体检。我们深入分析了数千个赢单和丢单的项目，从中提炼出影响项目成败的关键要素，形成了下面这张表。

表 7－1　　形势分析检查表

任务	步骤	内容说明	完成	优势	劣势	未知	备注
查看项目概况	1. 查看 SSO	1.1 SSO 是否已经清晰、具体？					
		1.2 是否知道客户项目的背景与动因？					
		1.3 SSO 各要素是否为客户所认同？					
		1.4 SSO 的清晰度，是否与阶段相符？					
	2. 形势温度	2.1 项目所处阶段有什么证据证明？					
		2.2 竞争情况是客户看来的竞争形势吗？					

续前表

任务	步骤	内容说明	完成	优势	劣势	未知	备注
查看项目概况	2. 形势温度	2.3 客户紧迫程度有哪些表现或表示吗?					
		2.4 你的自我感觉的主要依据是什么?					
	3. 需求情况	3.1 意向、需求、方案、预算间是否符合逻辑?					
		3.2 谁确认过需求?谁认同了方案?					
		3.3 预算与执行情况谁确认过?					
	4. 客户背景	4.1 与客户的历史合作情况如何?对手呢?					
		4.2 客户对项目是否有独立预算和决策权?					
	5. 理想模型	5.1 你认为该客户的理想程度如何?					
		5.2 理想客户评估结果如何?最高?最低?					
	6. 人员清单	6.1 决策影响者找全了吗?知道他们是谁?					
		6.2 客户角色中有几个 EB、UB、TB?					
		6.3 客户反馈模式中有几个 G,有几个 EK/OC?					
		6.4 客户支持程度中有几个+3 以上的?−3 以下呢?					
查看分析报告	7. 组织结构图	7.1 支持者是谁?他的上下级支持情况呢?					
		7.2 组织中的反对者/消极者是谁?					
		7.3 哪个片区是你的优势区域?					
		7.4 哪个片区是你的风险区域?					
		7.5 顶部决策层的态度支持情况怎么样?					
		7.6 最应该从哪些方面突破或加强?					
		7.7 角色之间可能会有什么关系暗线?					
	8. 赢单指数	8.1 指数中达标的是哪些指标?					
		8.2 指数中尚未达标的是哪些指标?					
		8.3 接下来最应该加强的是哪些角度?					
	9. 角色雷达	9.1 最支持的人是谁?					
		9.2 最反对的人是谁?					
		9.3 覆盖了哪些影响力?					
		9.4 还有哪些影响力未覆盖?					
		9.5 线条长短代表支持程度,有何启发?					
	10. 策略建议	10.1 请看建议的行动顺序,有何启发?					
		10.2 请看具体每人拜访建议,有何启发?					

这张表分为上下两部分，其中1～6项对应销售罗盘系统的“项目概况”；7～10项对应销售罗盘的“分析报告”。

登录销售罗盘系统，找到你录入的项目，打开项目概况。其中每一项，都有三个步骤，分别是：提问题；做判断；记内容。

我们以表7-1中的1.1来示范。第一步，提问题。例如“SSO是否已经清晰、具体?”问完了，就在“打钩”那一栏打个钩，证明你已经思考过。第二步，做判断。结合你在系统中录入的SSO，思考并判断，究竟是优势、劣势还是未知？未知是指你完全不知道。比如客户期望的成交时间、预计合同金额等。优势与劣势是相对的，如果你觉得这个信息有利于我们赢单，那就是优势；反之则是劣势。例如，某个项目，我们处于优势，客户的紧迫程度是“以后再说”，对我们可能就是劣势。又例如，某个项目我们在竞争中处于落后地位，客户的紧迫程度是“以后再说”，对我们可能成了优势，我们还有时间发展更多支持者。如果某个信息各家供应商都知道了，比如到了招投标前，销售目标各要素都已公之于众，各家就是平手，此项就不用记录。思考完，在对应一列打个钩，如在“未知”一列打个钩。第三步，在对应的“备注”一列中记录关键词。如果信息是“未知”，就在备注栏记录“成交时间、金额未知”。

逐项提问，若某一项问完，发现既不是优势，也不是劣势，也不是未知，这一行可以空着。并不是每一项都需要记录，只需记录你觉得需要的信息。

我们总结了在实战过程中，需要重点思考的检查点，供你参考。

检查点1：是否知道客户项目的背景与动因

客户为什么要购买？客户遇到了什么变化？客户要实现哪些目标？需要具备什么能力？如果我们清楚这些项目背后的原因，可能是一种优势；反之，不知道客户为什么要购买，仅知道客户的具体产品需求，可能是劣势。

检查点2：销售目标的清晰度是否与阶段相符

如果项目处于意向阶段，销售目标不清晰是正常的；如果项目已经到了商务阶段，但有些关键要素还不确定，就不正常，隐藏着风险。

检查点3：项目所处阶段有什么证据证明

我们判断项目处于某个阶段，是否有足够的证据？

在不同阶段，客户会采取不同的行动。例如，在意向阶段，客户先考虑是否要改变，然后进行评估，最终在内部正式立项；在方案阶段，客户先梳理初步需求，然后组织各家供应商调研，出方案，最终明确需求、方案框架和标准；在商务阶段，客户制定并完善评估标准，评估各家供应商，确定采购方案；在成交阶段，客户走采购流程，确定供应商，最后签单。

检查点4：客户如何看待竞争形势

和主要竞争对手相比，我们处于领先、平手，还是落后位置？客户关键人觉得我们和对手相比孰优孰劣？重要的不是我们认为谁更有优势，而是客户各个关键人的看法。判断优势，也要结合客户的组织结构。

检查点5：意向、需求、方案、预算的状态是否合理

如果需求达成了共识，意向还不明确，合理吗？这种情况下，可能谈着谈着，这项目就没有了。如果方案已经很具体，但需求还没完全确定，合理吗？这种情况下，方案大幅调整的可能性很大。如果客户说预算确定了，但方案还要再向上级汇报，合理吗？这种情况下，如果方案大幅度调整，预算也会跟着变化。因此，意向、需求、方案、预算，只有前面都确定了，后面才能确定，否则可能会有风险。

检查点6：客户对项目是否有独立预算和决策权

客户要做这个项目，还需要上级或其他单位批准吗？

例如，有些客户的重要项目可能需要上报到上一级单位批准。事业单

位如果要做项目，需要提前申请立项。走完立项审批流程，财政部门才会安排下一年的预算。如果客户没有独立预算和决策权，变数较多，可能是潜在风险。

检查点7：该客户的理想程度如何

大客户销售中也存在二八定律，20%的优质客户贡献了80%的收入和利润。因此，我们要甄别这些优秀客户，不能眉毛胡子一把抓。销售罗盘从七个维度，评估一个客户是否为理想客户。七个维度分别是：客户在其行业的排名及影响力、客户的经营能力和盈利水平、客户的持续经验和发展潜力、客户应用我们产品的意识、合作对我们品牌的贡献、客户对与我们合作的忠诚度、给我们持续带来产出的机会。每个维度都有1～5分。

评估之后，如果得分过低，就要考虑这个项目是否一定要做、是否把精力投给更理想的客户、更优质的项目。有一种胜利叫撤退，有一种失败叫中标。如果得分很高，说明这个客户价值很大，倾全公司之力也要拿下。

评估结果中，得分最高的维度是客户的优势；反之则为劣势。

检查点8：优势区域和风险区域

哪个片区是你的优势区域？哪个片区是你的风险区域？

当我们录入的人员越多、越全，就会出现优势区域或风险区域。比如某个项目，如果支持我们的人大多是UB，UB区域即优势区域。如果支持对手的人大多是TB，TB区域即风险区域。

检查点9：赢单指数和优劣势

我们分析了大量曾经赢单和丢单的项目，发现了一些共同规律，提炼了影响赢单的六个维度，建立了一个赢单指数模型（见图7-1）。

赢单指数反映项目赢单六个维度的达标情况、相对短板和当前项目赢单区域分布。实际值：次深色区域，根据录入的项目信息和数学模型，系

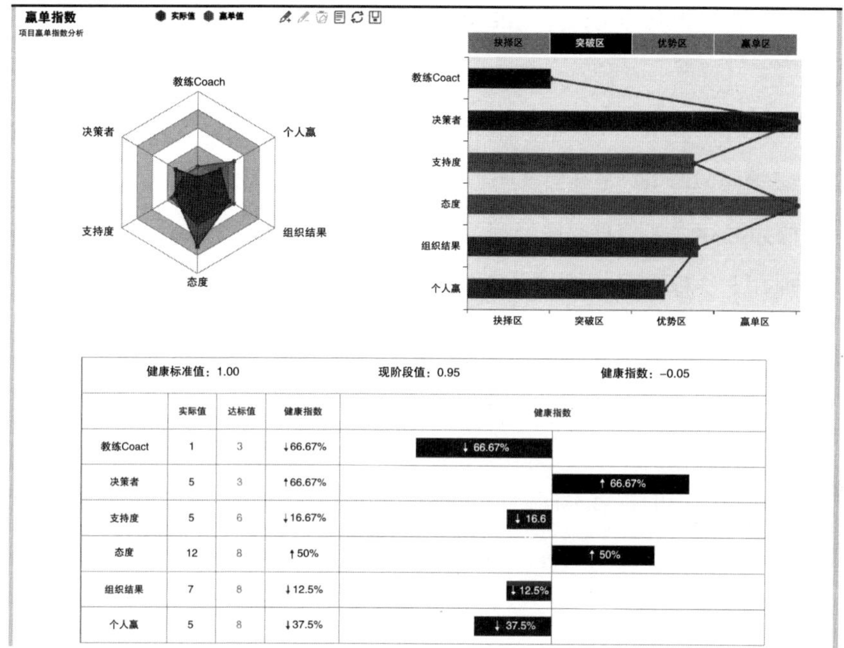

	实际值	达标值	健康指数	健康指数
教练Coact	1	3	↓66.67%	↓ 66.67%
决策者	5	3	↑66.67%	↑ 66.67%
支持度	5	6	↓16.67%	↓ 16.6
态度	12	8	↑50%	↑ 50%
组织结果	7	8	↓12.5%	↓ 12.5%
个人赢	5	8	↓37.5%	↓ 37.5%

图 7－1　赢单指数模型示意图

统计算出来的实际值；赢单目标值：深色区域，系统基于大数据和人工智能，智能分析、计算出你录入的这个项目，要赢单六个维度需要达到的数值。赢单进程：通向销售成功的进程，从抉择区、突破区、优势区到赢单区，代表这个项目的赢率逐步提升。

首先，查看雷达图，看赢单六个维度的实际值是否达标（实际值点位等于或超出赢单值为达标；实际值小于赢单值为不达标）；达标的要素即优势，未达标的即劣势。

其次，查看右边的“赢单区域”，当前处于哪个区域（抉择区、突破区、优势区、赢单区），距离赢单区越近，标示为优势，反之标示为劣势。针对劣势指标，我们需要进行分析并制定针对性的应对策略。

检查点 10：支持力度最大和最小的人

每次内部研讨项目，领导都会问：“谁对我们帮助最大？”

假如客户中有两个人，张经理，支持程度+3；李经理，支持程度+2，那么答案可能是张经理。

假如增加信息，张经理，支持程度+3，角色 T-CA；李经理，支持程度+2，角色 E-PB，答案会变吗？

假如继续增加信息，张经理，支持程度+3，角色 T-CA，参与度为中；李经理，支持程度+2，角色 E-PB，参与度为低，答案是否会变？

显然，随着参数的增加，答案会发生变化。因此，我们需要结构化思考这个问题，综合考虑每个人的角色、反馈模式、支持程度、影响力、参与度、组织结果和个人赢的清晰程度、决策风格等多种因素。这些因素在不同行业中，占的权重不同。销售罗盘分析了不同行业的项目，建立了角色雷达模型（见图 7-2）。

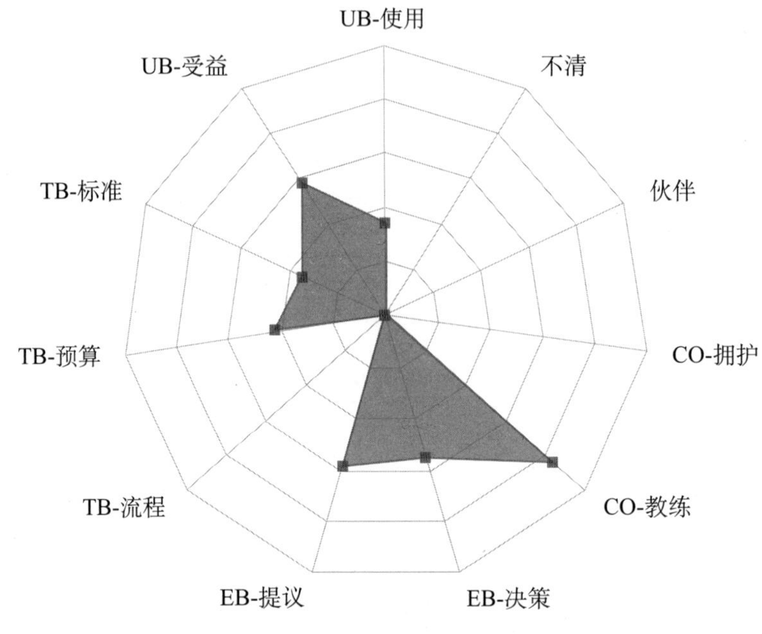

图 7-2 角色雷达模型

在图 7-2 中，点离中心越远表示对你的帮助越大，离中心越近表示帮助越小。

在图 7－2 中，深色区域代表这些角色已经接触过，越往外，表示该角色越倾向于我方；空白区域是尚未覆盖的角色。角色覆盖越全，风险越小。每一个被忽略和遗漏的人，都可能成为对手的突破口。

任务 10：优劣势和未知信息清单

我们分析了很多项目，发现一个共同规律：凡是赢单的项目，优势很多，劣势和未知信息都不多；凡是失败的项目，优势不多，劣势很多，未知信息也不少；凡是停滞不前的项目，未知信息很多，找不到项目推动力。如果隔两周分析一次项目，从表 7－2 中三列信息的变化情况，就可以知道项目是离赢单越来越近，还是风险越来越高。

表 7－2　优劣势和未知信息清单

优势	劣势	未知信息

请将任务 9 中总结的优势、劣势和未知信息，用简明扼要的文字，分别记入表 7－2 中对应的位置。此处是写答案，不是写问题。例如对于“销售目标是否已经清晰，具体如何”这个问题，如果判断是优势，就在优势这列中填写“销售目标清晰具体”。如果判断是“劣势”，就在劣势这列中填写“对手比我们更清楚销售目标”。如果判断是“未知信息”，就在未知信息这列中填写“产品和服务、金额、成交时间均未知”。此任务只需要把这三列的内容汇总即可。

如果还有一些重要的优势、劣势和未知信息需要补充，也可以加到对应的位置，比如政策与外部环境、潜在的决策影响者、客户决策流程、客户认同我方的某些独特优势、外围合作伙伴等。

也许有人会有疑问：一个事项究竟是优势、劣势还是未知信息，每个人都有主观判断，这不是客观结果，如果误判，会不会起负面作用？

这个问题值得讨论。一方面，有胜于无。在没有这张表之前，销售人员会从这些方面思考吗？我们参加过很多项目分析会，很多时候，销售人员都是凭着经验做，跟着感觉走，汇报的都是碎片化信息。内部汇报项目进展的时候，销售人员往往会添油加醋，汇报的并不是真实情况。如果某个项目赢率较高，销售人员感觉稳操胜券，肯定不会说“放心，等着签合同吧”，万一丢了呢？就算最终赢了，也显示不出自己的能力。这种情况下，销售人员可能会说“这个项目虽然有一些优势，但竞争对手也是势在必得，我再想想办法”。如果一个项目竞争激烈，和对手在伯仲之间，销售人员可能会夸大难度，否则怎么能显示出自己的能力呢？如果项目风险真的很高，销售人员也不说是因为自己工作没做到位而丢单，只会说“对手和客户领导关系特别铁”“对方用了很多方法把××搞定了”等。大项目销售，强调全局意识，思考越全，风险越低，赢率越高。填写形势分析检查表的目的，就是从全局思考，帮助大家从尽可能多的维度去分析，不仅发现已有的优势，更要发现潜在的风险，提前制订应对策略，防患于未然。

另一方面，多次主观判断，如果出现了自相矛盾的地方，销售人员就会了解更多信息，重新判断，逐渐接近真实情况。刚开始分析项目，即使有些参数判断错了，也没关系。我们每两周会分析一次，根据客户的实际表现，不断更新系统中的参数。例如，两周前，如果你判断一个人是UB，反馈模式是G模式，支持程度是+3，感觉是我们的Coach，计划下一步要给他讲方案，希望他对方案提出优化建议。实际上你讲方案时，发现他反应很平淡，说的都是套话，没有任何实质性帮助。拜访完成后，回到办公室复盘，就可以更新系统：这个人可能不是Coach，支持程度可能最多只有+1。多次分析之后，各个参数就会越来越接近真实情况。

第八章　优化策略计划

本章包括两个任务：优化策略和制定双周行动计划。结合销售罗盘的分析结果，以及项目现阶段的优劣势和未知信息，优化步骤三拟定的初步应对策略，录入销售罗盘系统，并生成下一步任务分工表。

任务 11：优化策略

策略销售强调谋定而动，先制定策略再开展行动。

很多销售人员很勤奋，不停地拜访客户，做调研、讲方案、请客户参观、吃饭喝酒，销售人员确实很辛苦。但如果我们定期分析一下，一段时间过去了，如果优势、劣势和未知信息都没有发生变化，意味着项目赢率可能并没有提升，这些行动大部分是无效的。

战术上的勤奋不能掩盖策略上的缺失。

复杂项目销售中，最核心的工作，就是了解未知信息，把未知变已知；同时不断地积累优势，削弱劣势，核心是四个字——固强制弱。为了帮助大家更好地优化策略，我们总结了一些制定策略的要点。

制定策略的要点

要点 1：重视与 Coach 沟通

在复杂项目销售中，Coach 很重要。如果没有，先发展 Coach。分析那些对我们有好感的人，特别是处境特殊、有类似经历和价值观、项目结果对他影响很大的人，他们都有可能成为 Coach。如果彼此信任度较低，可以通过他们了解信息。如果彼此信任度高一些，可以通过他们确认、验证重要信息。如果信任度更高一些，可以协商总体策略和行动计划，请他们给予建议。Coach 很多时候是从无到有的，作用从低到高。

要点 2：巩固强化优势

一个项目能赢，不是因为没有反对者，而是因为有强有力的支持者。表面上看，是我们赢得了胜利，本质上是客户内部博弈时，我们的支持者赢得了胜利。因此，我们赢单是从支持者手中赢的，不是从反对者手中。

很多人在分析关键人时，觉得“××已经是我们的人了”，但“还有几个人不支持我们”，觉得只要“搞定”这些不支持的人，就能赢得项目。为了搞定反对者，销售人员投入了大量精力，深入调研、请专家讲方案、做技术交流、邀请客户参观考察等，最终效果并不理想。

当销售人员如此重视这些反对者，我们的支持者内心会怎么想？他们的感觉是什么？

当我们觉得“他们已经是我们的人了”，因而怠慢了支持者。竞争对手却在用各种方式与他们沟通，争取赢得他们的信任。时间久了，这些支持者还会那么支持我们吗？态度是否可能变得模棱两可，甚至变成反对者？

事实上，很多销售人员都曾经遇到过，在项目中有些人开始非常支持我们，最终却成了反对者，背后原因值得思考。

因此，我们在制订行动计划时，应首先强化支持者、巩固好根据地。

以下这些人，都需要重点对待：

支持程度在+3及以上的人：继续强化支持程度。项目带来的组织结果和个人赢比较明确的人：争取达成共识。

对项目的反馈是G模式的人：进一步明确如何发挥我们的优势，帮助他们缩小现实和目标的差距，变得更好。

对项目的反馈是T模式的人：进一步确认问题的解决思路、方案和细节，让他们安心。

要点3：发展支持力量

随着技术进步的加速，产品、方案和服务本身的差异在减少。客户内部分工更加明确，决策更加科学，分权制衡，流程推进。因此，某一方以绝对优势赢得项目的情况变少。很多时候，各方优势不相上下，某一方以微弱优势赢得项目。因此，我们除了巩固支持者，更要重视中间力量。也许有时候，就是因为他们的倾向性，成为压垮骆驼的最后一根稻草，改变了项目最终的结局。

以下这些人，需要努力争取，不可轻易放弃。

支持程度在−2～+2之间的人，支持程度比较中立，可能有很多想法，也可能有很多顾虑，如果探索想法、消除顾虑，就可能变成支持者。

项目的组织结果和个人赢符合常理的人，虽然还不明确，但我们根据类似项目推测，这些人的作用应该是利大于弊。我们可以大胆假设，通过多种渠道小心验证，一旦找到了他们关注的组织结果和个人赢，就等于找到了获得支持的“启动按钮”。

重视UB，虽然有些UB在项目采购过程中，表面上话语权并没有那么大。但客户购买任何产品和服务，只有UB愿意用、用好了，才能产生价值，才能兑现我们描绘的愿景；客户只有真正看到改变和结果，才会真正满意。UB满意了，会对产品产生感情，在内部为我们说好话，从而产生持续购买机会。相反，如果不考虑客户应用、忽略UB诉求，虽然有可能拿下一笔订单，但从长远来看，必将失去这个客户。

有些人职位不高，看起来影响力不大，在项目中不是很活跃，参与度也不高，很容易被各家供应商忽略。客户内部开会，这些人有没有参会和发言机会？这些人和决策者之间有没有私人关系？也许他们无意中说了我们的优势或劣势，就会改变决策者对我们的看法，从而影响项目走向。

在一个项目中，非常支持我们的人、中间力量和反对力量都会存在。争取得到尽可能多的人的支持，赢率更大。

要点4：削弱反对力量

复杂项目销售中，变化是常态。一个月前坚定支持对手的人，现在不一定还是对手的铁杆支持者。有些角色的言行举止似乎更支持对手，我们也不要轻易给他们贴上反对者的标签。即使有些对我们的支持程度在－3甚至以下的人，他关注的组织结果和个人赢也可能发生变化，所以他们对各家的支持程度也可能会变化。

有时候，高手过招，并不是看谁做得更好，而是看谁犯的错误少。某方优势越明显，越容易疏忽，陶醉是危险的开始。

上一个阶段我们分析的劣势，也要思考是否能弥补，是否能用优势制衡。不是所有的劣势都要消除，有时候可能要用优势去撬动，放大优势对客户的影响，可以四两拨千斤。就像参加投标一样，我们不需要每一项都得满分，只需要总分相对较高就能中标。

针对四类角色，我们建议总体的发展顺序是Coach→UB→TB→EB。如果没有Coach，就先发展Coach。在项目前期，找UB调研，了解UB的处境、目前遇到的问题、障碍和麻烦，或者是他们希望进一步提升的地方，以及他们曾经做过的尝试。项目中期，和 UB 一起梳理需求，将他们的想法融入方案中，共创方案。项目后期，与 UB 确认需求是否有变化，避免刻舟求剑。项目过程中，详细了解各类 TB 的想法，比如采用什么技术手段来实现目标、需要走哪些流程、花多少预算等，协助客户拟定对我们有利的选择标准。在这个过程中，要通过 UB 和 TB 的高层，逐步向 EB 传递我们的优势。如果要见 EB，先和支持者协商，围绕 EB 的关注点精心准备素材，这样再见 EB 的成功率更高。

团队共创和优化策略

综上所述，销售策略的核心原则是固强制弱，探索未知，这是销售行动的指南针。结合优劣势和未知信息清单，你就有了行动的地图，知道下一步应该加强什么，削弱什么，探索什么，一切都变得清晰！

第一类任务是强化优势。对于哪些优势，你觉得还不够实，未来两周就去夯实；对于哪些优势，你觉得还不够明显，就想办法放大。

第二类任务是了解未知。目前还不清楚的信息，下一步要去探索。不同的未知信息适合问谁？为了问出这些信息，需要准备哪些素材？如此一来，拜访时的提问清单就有了。拜访结束后，看看得到了哪些核心信息，哪些是优势，哪些是劣势。

第三类任务是削弱风险。有哪些风险的影响可能比较大？有些风险通过我们自己的努力就能把它解决掉，比如目前只接触了一个 UB，多接触几个就行。有些你没办法独立完成，可能就需要请公司的专家或同事出马。有些风险，可以用优势去制衡。比如有一条劣势是 TB 支持对手，优势是 UB 支持我，可以请 UB 部门提出对我们有利的需求，间接影响 TB，让劣势消除或者弱化。

接下来，团队可以应用该流程，完成策略和行动计划的优化。

个人思考：每个人结合优劣势和未知信息清单，思考三分钟。从这三列里，挑选一些你下个双周需要强化的优势、需要了解的未知信息，以及需要削弱的劣势（建议每项都不超过三条）。

团队讨论：项目团队讨论达成共识，确定下周需要强化的1～3个优势，需要了解的1～3个未知信息，需要削弱的1～3个劣势。不要贪多，基于实际情况来确定。如果每周都能巩固和增加一两个优势，项目赢率就会稳步提升。

优化策略和计划：基于研讨结论，结合表4-2和表5-1中的内容，优化表6-2中的内容，拟定下个双周的行动计划。

示例一

项目背景信息如下：甲方是一家IT企业，需要采购咨询服务，乙方是一家咨询公司。项目刚进入方案阶段，甲方的人力资源总监正在寻找多家供应商。甲方某分公司副总经理认识乙方销售人员，他向人力资源总监介绍了乙方。竞争对手曾经为甲方提供过类似服务。在本项目中，竞争对手已经递交了初步方案。乙方介入比较晚，只和行政部门负责人通过两次电话，见过一次客户的CEO。据了解，这个项目的最终决策者是CEO。

在没用策略销售流程分析之前，销售人员制定的行动计划如下：

（1）请介绍人（甲方某分公司副总经理）向CEO介绍我公司优势。

（2）根据客户提出的要求，请顾问设计方案，尽快给客户介绍方案，展示我公司的专业性。

（3）客户预算较低，请我公司高层拜访客户高层，介绍我公司整体优势，增强客户高层对我们的信心，提高客户的预算额度。

（4）根据客户对方案的反馈意见，修改方案。

表8-1是该团队分析的优劣势和未知信息。

表8-1 优劣势和未知信息清单示例（一）

优势	劣势	未知信息
客户EB期望在七个月内完成这个项目	竞争对手和客户有过合作	客户高层的改变动机
客户行政部门支持我们	目前只接触过一个UB	项目预算
客户发展速度很快，持续合作潜力大	持中立态度的人比较多	使用部门的核心需求
我们曾经服务过类似客户	项目中没有级别较高的Coach	竞争对手的情况
有一个支持程度+3的相关人（甲方某分公司副总经理）	项目中应用受益部门没沟通过	形势对我公司不利，但客户似乎比较着急
使用部门对竞争对手满意度一般		客户决策层的项目推进计划
		采购流程

经过讨论，该团队的总体思路如下：

需要强化的优势：有一个支持程度+3的相关人（甲方某分公司副总经理）、我们曾经服务过类似客户、使用部门对竞争对手满意度一般。

需要了解的未知信息：使用部门的核心需求、客户高层的改变动机、客户决策层的项目推进计划。

需要削弱的劣势：只接触过一个UB、项目中没有级别较高的Coach。

因此，下一阶段总体策略是：巩固甲方某分公司副总经理的支持，提升Coach级别，调研使用部门了解需求，了解客户对竞争对手满意度不高的原因。

优化之后的策略和行动计划如下：

(1) 拜访甲方某分公司副总经理，了解其关注的组织结果和个人赢。基于他的关注点，介绍我公司曾经服务过类似客户的经验，协商如何利用我公司资源，帮助他实现目标，支持程度提升到+4。尽量少让他出面，保护好Coach。

（2）通过甲方某分公司副总经理，了解以下未知信息：这个项目主要使用部门有哪些？负责人分别是谁？这些部门的现状和期望是什么？有哪些人对竞争对手的满意度不高？原因可能是什么？

（3）调研使用部门：提出电话访谈或面谈要求，请客户安排调研，扩大和UB的接触面。了解使用部门目前的处境，他们遇到的挑战，存在的问题、障碍、麻烦等，以及他们期望的解决思路等。梳理核心需求，只有需求明确了，才能拟定有效方案。

（4）若有可能，拜访对竞争对手评价不高的人，了解他们对现状的感受和期望值，以及他们认为供应商应该具备哪些能力？项目的重点和难点是什么？侧面了解为什么客户对竞争对手的评价不高。

示例二

项目背景信息如下：甲方和乙方均为电子产品制造商。乙方曾经为甲方提供贴牌生产服务，供应元器件，乙方曾经是甲方的首选供应商。甲方今年突然更换了首选供应商，大部分订单给了另一家供应商，据说是因为对方价格更便宜。乙方销售人员和甲方的研发部长、生产副总、营销部长、品质部长等多人进行了沟通。研发部长认为乙方的质量比竞争对手更好，研发能力更强；营销部长觉得采用对手产品，能降低出厂成本，有利于市场营销；品质部长觉得两家供应商的产品都符合国家标准；生产副总觉得乙方很有优势；采购部长比较支持对手，竞争对手有可能就是他引入的。

在没用策略销售流程分析之前，销售人员的行动计划如下：

（1）拜访客户，突出我们的产品质量优势；告知客户，竞争对手的产品曾经出过质量问题，被媒体曝光过。

（2）邀请客户营销部长、品质部长到我公司参观考察，了解我公司的整体实力。

（3）了解对手的报价方式，摸清客户今年的总采购计划。如果总量大，向公司申请降低供货价格，或者延长付款周期。据说对手公司规模较小，要求的付款周期比较短。

表 8-2 是该团队分析的优劣势和未知信息。

表 8-2 优劣势和未知信息清单示例（二）

优势	劣势	未知信息
是我公司的老客户，有过合作	目前总体形势处于劣势	客户新的产品开发和营销计划
客户比较急	持中立态度的人比较多	客户关键人对和我们之前合作的评价
客户规模较大，发展速度快，持续合作潜力大	Coach 级别不高，提供的信息不多	客户内部关系和暗线
接触的客户管理人员的级别较高	营销部长和采购部长的支持程度是－2；品质部长的反馈是 EK 模式	客户为什么还要找我们谈判
有一个 Coach	近期已经买了竞争对手的产品	
研发部长比较支持我们	我们的产品价格高	
我们实力比竞争对手强		

经过讨论，该团队的总体思路如下：

需要强化的优势：有一个 Coach；是我公司的老客户，有过合作。

需要了解的未知信息：客户为什么还要找我们谈判？客户关键人对和我们之前合作的评价是什么？

需要削弱的劣势和潜在风险：Coach 级别不高，提供的信息不多。

该团队优化之后的策略和行动计划如下：

（1）拜访之前曾经支持我们的人。了解他们对我们的评价，评估他们现在对我们的支持程度。如果当初由他们负责选择了供应商，现在却要换供应商，等于否定了他们的决定。这些人心里肯定有想法，希望证明他们是对的，有可能会继续支持我们。

（2）从更高层级的合作维度削弱我们的劣势。竞争对手有价格优势，但是规模小，研发能力比我们弱。而客户规模较大，发展速度快，无论是供应链还是技术创新，对手是否有能力支持客户未来3～5年持续的高速发展或者战略转型的独特需求？如果能从这里切入，我们的优势可以放大。

既然研发部长支持我们，能否详细了解他们未来3～5年的研发计划，思考我们公司有何优势能协助他们完成研发计划，进而支撑他们的战略目标的达成？双方是否有可能达成更高层次的合作关系？

这些信息收集完整了，我们可以通过研发部长等人，把这些思路往上层传递。当我们的这些优势被放大之后，竞争对手的优势有可能就不再是优势。虽然单纯看报价，它可能便宜一些。如果把目光放到3～5年后，要支撑更大规模的发展，竞争对手的产能和研发速度可能都不够，可能给客户造成较大影响。

（3）发展更高级的Coach。目前的Coach，职务级别够高，但是信任度还有待提升。思考一下，他关注的组织结果和个人赢是什么？你能帮他做什么？这可能是一个切入点，不急于解决事的问题，先解决人的问题。

（4）了解客户引入其他供应商的动机和背景信息。客户引入其他供应商，似乎是因为我们价格高，真是这样吗？UB和TB都希望采购价格最低的产品吗？未必。营销部长希望降低产品成本，有利于市场竞争。市场发生了什么变化呢？

（5）如果产品质量是我们的优势，那么我们要拜访UB。在他们看来，我们和竞争对手产品的区别是什么？在这些区别里，哪些可能对客户有较大的影响或价值？使用部门的体验、对双方产品的评价，都要详细了解。

任务12：制定双周行动计划

制定拜访计划时，要思考顺序和逻辑。顺序上，固强制弱，先处理支持者，再中立者，最后反对者。针对每一个人，要以客户为中心，分析其决策逻辑，先分析客户的处境和动机、思考他们关注的组织结果和个人赢，然后设计我们的行动目标，而不是基于我们想赢单的动机进行设计。

当我们确定好策略和计划后，要拟定双周任务分工表（见表8-3）。双周行动计划和双周任务分工表有所区别。双周行动计划主要是根据优劣势和未知信息清单，制定总体策略和行动计划，主要面向客户。双周任务分工表则包含所有的内部和外部的行动，比如，内部给公司领导汇报项目进展、内部开会制定调研计划、内部协调资源请顾问或者公司领导支援项目等。

每项任务都要明确具体内容和目标、负责人、参与人和完成时间。

表8-3　双周任务分工表

项目			团队		填表时间			
序号	关键任务	内容与目标	负责人	参与人	完成时间	完成情况	偏差	完善计划
1								
2								
3								
……								

两周之后，检查每一项任务的完成情况，填写“完成情况、偏差和完善计划”，然后回顾进展，识别变化，重新分析形势，梳理优劣势和未知信息，进入下一循环。

第九章　内部实战教练培养

在实战项目导入工作坊中，每家客户的销售团队都感觉收获很大。对于一些陷于困境的项目，项目团队利用这种分析方法，研讨了新的策略，找到了突破口，盘活了项目。对于感觉还行的项目，通过工作坊也能发现一些重要的未知信息和潜在风险，通过后续行动收集和确认信息，提升赢率。

工作坊结束后，过一段时间，团队表现就会出现差异化。有些人坚持使用所学方法，刚好有项目签单或者取得了重大突破，团队就会越来越有信心。遗憾的是，大客户销售是持久战，项目成单周期长，短期内能快速取得实质性进展的项目不多。有些人尝试着用一用，如果项目进展不顺，或者新方法用起来没那么顺手，信心可能就会动摇。有一部分人逐渐又回到了熟悉的老套路：讲方案、猛公关、拼价格……

为了促进团队的改变，避免前期投入付之东流，可以通过实战辅导“扶上马，送一程”，帮助销售团队把这套方法融入他们的日常销售和管理工作中，形成新的习惯。

针对这种复杂项目，我们建议两周开展一次实战辅导，分析一次项目。如果项目到了关键节点，比如即将进入招投标阶段，辅导间隔时间可以缩短。如果全靠外部老师或者顾问来做实战辅导，一方面成本过高，另一方面如果不能把自己的团队培养起来，依靠外部力量等于吃兴奋剂，难以持久。

因此，我们建议培养各级销售管理者做内部实战教练。因为他们本身的工作职责就包括销售管理和辅导。我们给他们一套有效的方法、流程和工具，让他们更有效地去辅导员工。前期外部老师可以传帮带几次，当外部老师离开之后，他们就可以代替外部老师，帮助销售人员克服惯性，养成新习惯；从而实现企业内生造血，人走法留。

电视剧《人间正道是沧桑》中有一个黄埔军校的军官，叫董建昌，善于训练新兵，有一套独特的方法。因为战争失利，董建昌的部队中补充了许多新兵，经过他的训练，这些新兵很快形成了很强的战斗力。他的训练方法，被称为七步带兵法。这七步分别是：第一步，我做给你看；第二步，你做给我看；第三步，讲评；第四步，我再做给你看；第五步，你再做给我看；第六步，再讲评；第七步，你去做。

培养内部实战教练，也可以参考这套思路。在实际操作中，可以简化为“3＋N模式”，前三次外部老师参加，后面内部实战教练独立进行辅导。第一次，外部老师示范。外部老师分享辅导流程、方法、工具和原理，以具体项目为例，示范如何开展辅导，内部实战教练观察学习，俗称“我做你看”。第二次，内部实战教练应用学到的方法和流程辅导自己的项目团队，外部老师观摩，给予内部实战教练反馈，总结优点并提出改进建议，俗称“你做我看加点评”。第三次，结合之前辅导中出现的问题和易错点，外部老师再次示范辅导过程；内部实战教练再次观摩学习，提出自己的困惑，外部老师给予反馈，俗称“我再做，你再看，点评”。

内部实战教练辅导过几次后，定期召开会议，集中分享辅导心得，交流困惑，总结经验；进行结构化梳理和升华，结合企业实际情况，优化辅导方法，最终形成独特的销售辅导体系。

什么样的人适合做内部实战教练？

内部实战教练是团队能力提升的催化剂，是项目成败的关键人，人选非常重要。我们建议，内部实战教练挑选要考虑四个维度：有丰富的实战经验、有销售管理经验、有精力及时跟进实战项目、有意愿辅导他人。同时，内部实战教练必须参加过策略销售课程培训和实战项目导入培训，不然他和团队没有共同语言，容易把大家带偏。

接下来，我们将探讨内部实战教练的培养方法。内部实战教练按照辅导流程，应用销售罗盘工具和流程开展销售辅导，基于销售逻辑指导销售制定策略计划，应用辅导技巧帮助辅导对象优化策略，统一内部语言、提升销售辅导效率。

内部实战教练的定义及实战辅导的基本策略

看到内部实战教练，很多人脑海中会浮现出这些关键词，例如实战、接地气、实用、实效、针对性辅导、实战经验、洞察力、熟悉项目、有辅导方法、善于沟通。这些对于一个内部实战教练都非常重要。

内部实战教练最主要工作是找到被辅导者的问题并作针对性辅导，帮助被辅导对象发现更好的项目策略和方法，激发被辅导者的潜能、提升能力，帮助被辅导者看到盲点。

内部实战教练和教练有联系也有区别，它借鉴了教练的核心思想，我们结合大客户销售的特点，设计了辅导流程。

国际教练联合会（International Coach Federation）对教练职能的定义

是：一种在教练和被教练者之间进行的有效对话。这种对话是一种发现性的对话，令被教练者发现问题，发现疏漏，发现答案；这种对话是一种扩展性的对话，令被教练者看到更多机会，更多选择；这种对话也是一种动力对话，激发教练与被教练者朝向预期的目标，并不断挑战自己，提高业绩，力争创造非凡的表现。

教练技术和传统管理有一个最大的区别：教练技术相信每个人都拥有解决问题所需的能力和资源。教练通过对话，让被教练者自己发现问题，发现疏漏，发现答案，被教练者的最终感受是“我找到了方法，我愿意做”。

传统管理者认为下属没有能力解决问题，所以很多时候直接给答案。下属习惯了听指令，按上司要求行事，下属内心的感受是“既然你要求我这么做，我就试试看”。在这个过程中，如果效果不佳，下属会认为是你决策失误。下次遇到类似情况，下属依然会找上司寻求帮助。

教练的方式能让每个人独立思考，每个人都成为动力源，团队人数越多，智慧越多，动力越强。这种方式类似于动车组，每节车厢都有动力。与之相对应的是，传统管理方式类似于常规火车，上司是火车头，下属是挂在后面的车厢，火车跑得快慢，都取决于火车头的马力大小；挂的车厢越多，火车头就越吃力，整体速度也越慢。

我们的祖先非常有智慧，经常用言简意赅的话语表达丰富的内涵，例如《管子》说：“毋代马走，使尽其力；毋代鸟飞，使弊其羽翼”，我觉得用这句话来形容内部实战教练，非常恰当。

琳达·理查德森（Linda Richardson）在《完美销售教练》（*Sales Coaching：Making the Great Leap from Sales Manager to Sales Coach*）中对教练职能的定义是：让销售人员参与解决问题，为其提供清晰的反馈信息，在具体可度量的行动计划上达成共识并跟进。这个定义描述了销售的四个核心：让销售人员参与解决问题、提供反馈、制定可度量的行动计划、跟进执行。

我们这里所说的内部实战教练，既有上述特征，同时又有些不同，他聚焦于业绩提升和具体项目。内部实战教练需要更好地帮助组织与个人，应用相关方法工具，制定提升赢率的销售策略，以促进个人行为转化、提升组织销售绩效。它有三个特征：

- 懂销售：掌握大客户销售策略与沟通原理。
- 会罗盘：熟练应用销售罗盘和拜访罗盘工具。
- 能辅导：能应用工具方法辅导销售组织和个人。

内部实战教练需要更好地帮助组织与个人，应用相关方法工具，制定提升赢率的销售策略，以促进个人行为转化、提升组织销售绩效。内部实战教练实战辅导的基本策略包括以下五点：

- 以目标对象（组织和个人）为中心：须对目标组织的业务背景与团队状况做好分析。
- 聚焦特定项目和任务：需要提前确定待辅导项目并做好准备，教练要明确辅导内容和效果。
- 重点面向效能突破点：定位当前业务中普遍存在、一旦解决便可创造价值的现象难题。
- 以特定的流程方法共创辅导：需要以特定的流程步骤、按规定工具表单内容，与辅导对象联合共创方案。
- 对结果和后续计划达成共识：辅导后需要形成具体行动计划，双方对此达成共识并作为共同目标。

接下来我们将基于实战辅导流程（见图 9－1）分析项目形势并制定有

效的内部实战教练辅导流程，简称“GRASA”流程。

GRASA分别对应五个步骤的英文名称的首字母，五个关键步骤如图9－1所示。

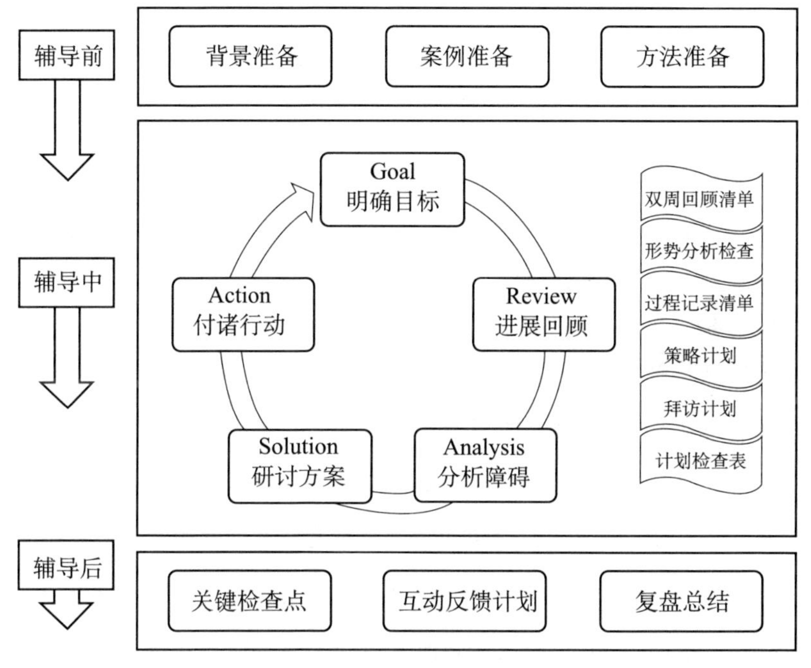

图9－1　实战辅导流程

- 明确目标：开场建立融洽的关系，明确辅导目标。
- 进展回顾：针对项目前期工作与现状，各方交换意见。
- 分析障碍：双方聚焦项目推进中的关键风险与障碍点。
- 研讨方案：针对问题，群策群力，研讨制定可选方案。
- 付诸行动：针对最优方案，制定双周具体行动计划表。

基于这个流程去辅导，销售人员能够做好以下工作：

- 做好背景分析准备：了解组织的业务背景与团队状况，为更加高效的辅导做好准备。

• 聚焦特定项目任务：对辅导案例和相关概念做初步了解，以提前思考并做准备。

• 应用流程共创辅导：应用相关工具和 GRASA 流程进行辅导过程设计，做好教练工作。

• 过程信息有序管理：应用相关信息清单做好过程信息记录，应用提问清单引导好过程。

• 后续跟进检查方案：形成后续关键检查点，进行在线互动，跟进检查方案，确保计划执行效果。

辅导前准备工作

精彩都是准备出来的，面对一个存在挑战的项目，内部实战教练不要过于自信，认为凭着多年经验，事先不做准备，就能现场“指点江山”，给团队一个很好的推进策略和行动计划。如果这样做，就违背了“教练”的核心价值。内部实战教练要相信项目团队本身就已经具备解决自己问题的所有资源和能力，只是暂时没看到或意识到；通过互动交流，内部实战教练应让团队看到更多的可能性，共创最佳策略和打法。

表面上看，内部实战教练如果直接给予具体策略和行动建议，简单明了更高效。实际上这样做的严重后果是：团队成员的智慧没有被激发出来，你说什么他们做什么，下次遇到类似困难还是会找你。大脑是用则进废则退的器官，久而久之，不仅能力无法提升，甚至会退化。

因为项目复杂程度、重要程度、项目所处阶段等因素不同，所以辅导前准备所需要投入的时间和精力也不同。辅导前需要准备的内容，包括组织、对象、案例、知识四个方面。

• 组织：贴近组织和业务实际情况，了解被辅导组织基本信息、业务背景等。

• 对象：针对辅导对象的能力、经历、经验、专长等情况，关注重点。

• 案例：内部实战教练必须对案例提前有所了解，分析并找到辅导重点和难点。

• 知识：针对对象与案例情况，提前了解被忽略或可能用到的知识要点。

本环节的辅导工具是辅导准备清单（见表 9-1）。

表 9-1 辅导准备清单

组织与对象背景情况			
接受辅导机构		所属行业	
所属部门		团队成员（名单）	
所属业务线		业绩指标及完成率	
团队核心优势		可能存在的能力短板	
辅导时间		辅导地点	
相关参与领导		其他准备信息	
项目与主要概念准备			
辅导项目名称		项目所在行业	
项目所处阶段		项目优势与潜在风险	
可能存在的策略		可能存在的行动	
涉及罗盘概念原则		涉及五环概念方法	

实战辅导流程

接下来我们将应用 GRASA 流程进行实战辅导，示范如何应用相关流程、工具和方法。

第一步：明确目标

在这个环节，教练可以这样说：“我们今天将进行双周总结与实战研讨，针对你们目前正在跟踪的项目进行分析；我们首先回顾过去两周每个项目发生的变化，然后共同分析当前形势，研讨并制定未来两周的项目推进策略和具体行动计划，这将有助于我们更好地把控和驾驭项目，更加精准高效地行动。这样安排可以吗?”

注意事项：

• 开场时先问候，可适当聊一些当下热点议题（非政治/非敏感的），营造融洽气氛。

• 阐明本次项目辅导的目标，将大家的注意力集中到项目上。

• 保持中立的态度：不发表任何意见、不下任何结论、不进行任何评价（含积极评价）。

第二步：进展回顾

在这个环节，内部实战教练可以这样说：“接下来，每组请一位经理回顾一下项目两周来的情况，对照项目双周进展评估清单（见表 9－2）逐项分析，看看客户及项目发生了什么变化。”内部实战教练和团队交换对问题的看法，并征询对方意见，内部实战教练可通过提问确认事实和反馈，但不可直接给出建议。等各组完成上述回顾，请大家将已经发生了变化的信息，更新到销售罗盘系统中，点击“生成分析”，形成新的项目分析报告。

表 9－2　项目双周进展评估清单

序号	类别	具体指标	是否变化		
一、前两周行动与效果回顾，任务总体完成情况			好的方面		偏差原因
二、现状分析 & 问题检查（18 项关键检查）			是否变化	有何新变化	与目标有何偏差
1	项目背景	过去两周，了解到哪些政策与外部环境影响因素？			
2	销售目标	过去两周，SSO 是否更加清晰？是否有新的变化？			
3	项目阶段	过去两周，销售阶段有什么变化吗？			

续前表

序号	类别	具体指标	是否变化		
4	紧迫程度	过去两周，客户紧迫度有变化吗？紧迫或放缓？			
5	竞争形势	过去两周，竞争形势有什么新变化吗？			
6	人员覆盖	和两周前相比，新增哪些潜在决策影响者？			
7	角色变化	过去两周，有哪些人员角色发生了变化？			
8	影响力	这两周，了解到哪些关键人的影响力情况？			
9	参与度	这两周，关键人参与度有何变化？ 有谁升高了，有谁降低了？			
10	反馈态度	和两周前相比，关键人反馈态度有何变化？ 新增哪些积极态度？新增哪些消极态度？			
11	支持程度	和两周前相比，关键人支持程度有何变化？ 有哪些人更加支持？有哪些人更加反对？			
12	业务需求	过去两周，我们又了解到客户哪些关键需求？			
13	概念与赢	过去两周，我们又了解到客户哪些概念与赢？			
14	独特优势	过去两周，客户又认同了我们哪些独特优势？			
15	决策流程	过去两周，我们又了解到哪些决策流程信息？			
16	Coach	过去两周，有新 Coach 吗？有 Coach 支持程度提高吗？			
17	组织变化	过去两周，我们了解到哪些可能的组织变化？			
18	竞争影响	过去两周，竞争对手哪些行动带有重要影响？			
三、前两周拜访行为总体效果评估（简要描述）					
四、前两周策略执行效果检查评估（简要描述）					

注意事项：

·进展回顾是整个辅导工作中一个重要的环节，建议占一次辅导总时间的20%左右。

·内部实战教练先听取销售人员的意见。在此之前，内部实战教练已经提前琢磨了项目，有了初步判断，出于“立即帮到团队”的想法，很容易直接给答案，这是人的本性。内部实战教练要克服本能，让辅导对象先使用评估表对项目进行梳理，并澄清细节，让团队看清项目全貌，识别所有变化。很多时候无法解决问题，是因为没有找到问题发生的根本原因。

·内部实战教练一次只针对一点进行反馈，针对重点变化给出自己的反馈，并征询对方意见，例如：“你这点做得很好，见到了×总是吗?”“我记得上次咱们就说要约×总，这次见到了，确实不容易；同时你也谈到了见面只谈了10分钟，是这样吗?”“有些地方还不清楚，比如你还不清楚决策者的态度，是这样吗?”“如果换个角度看，是什么原因导致×总只给你10分钟？是他不愿意见你，还是可能有别的急事？你觉得呢?”

·内部实战教练看到问题，不要急于指出来并给答案，先探索这个问题是什么原因导致的。

·如果项目不是特别紧急，两周时间，也可能只有一两项发生了较大变化。

·如果内部实战教练同时辅导多个项目团队，可以让团队内部分工，有人提问，有人回答，有人记录。团队内部讨论，达成共识即可。内部实战教练暂时可不给反馈。

·如果内部实战教练仅辅导一个团队，可直接给予反馈。

·如果回顾完，这些维度都没有变化，说明项目没有实质性推动，可能是销售人员没干活，或者没有抓住关键点，或者和客户不熟悉，发生了变化也不知道，这些都是潜在风险，早知道的坏消息也是好消息。

第三步：分析障碍

在这个环节，内部实战教练可以这样说："现在我们利用形势分析检查表（见表9－3），结合销售罗盘系统中呈现的项目概况和项目分析，逐步检查分析你们每个组的项目，找出每个项目当下的优势、劣势和未知信息。

"请小组内分工，一个人负责逐项提问，对项目最熟悉的人逐项回答，遇到疑问时，团队要及时讨论。然后，利用过程记录清单（见表9－4）进行归纳总结。

"优劣势和未知信息清单是销售的行动指南。销售人员的核心工作就是收集情报、固强制弱，获得大多数人的支持。有了这份清单，销售人员就知道自己应该去收集哪些信息，知道在不同阶段应该巩固哪些优势、削弱哪些劣势。这份清单，能让我们更加精准地行动。"

表9－3　　形势分析检查表

任务	步骤	内容说明	完成	优势	劣势	未知	备注
查看项目概况	1. 查看SSO	1.1 SSO是否已经清晰、具体？					
		1.2 是否知道客户项目的背景与动因？					
		1.3 SSO各要素是否为客户所认同？					
		1.4 SSO的清晰度，是否与阶段相符？					
	2. 形势温度	2.1 项目所处阶段有什么证据证明？					
		2.2 竞争情况是客户看来的竞争形势吗？					
		2.3 客户紧迫程度有哪些表现或表示吗？					
		2.4 你的自我感觉的主要依据是什么？					

续前表

任务	步骤	内容说明	完成	优势	劣势	未知	备注
查看项目概况	3. 需求情况	3.1 意向、需求、方案、预算间是否符合逻辑？					
		3.2 谁确认过需求？谁认同了方案？					
		3.3 预算与执行情况谁确认过？					
	4. 客户背景	4.1 与客户的历史合作情况如何？对手呢？					
		4.2 客户对项目是否有独立预算和决策权？					
	5. 理想模型	5.1 你认为该客户的理想程度如何？					
		5.2 理想客户评估结果如何？最高？最低？					
	6. 人员清单	6.1 决策影响者找全了吗？知道他们是谁？					
		6.2 客户角色中有几个 EB、UB、TB？					
		6.3 客户反馈模式中有几个 G，有几个 EK/OC？					
		6.4 客户支持程度中有几个＋3 以上的？－3 以下呢？					
查看分析报告	7. 组织结构图	7.1 支持者是谁？他的上下级支持情况呢？					
		7.2 组织中的反对者/消极者是谁？					
		7.3 哪个片区是你的优势区域？					
		7.4 哪个片区是你的风险区域？					
		7.5 顶部决策层的态度支持情况怎么样？					
		7.6 最应该从哪些方面突破或加强？					
		7.7 角色之间可能会有什么关系暗线？					
	8. 赢单指数	8.1 指数中达标的是哪些指标？					
		8.2 指数中尚未达标的是哪些指标？					
		8.3 接下来最应该加强的是哪些角度？					
	9. 角色雷达	9.1 最支持的人是谁？					
		9.2 最反对的人是谁？					
		9.3 覆盖了哪些影响力？					
		9.4 还有哪些影响力未覆盖？					
		9.5 线条长短代表支持程度，有何启发？					
	10. 策略建议	10.1 请看建议的行动顺序，有何启发？					
		10.2 请看具体每人拜访建议，有何启发？					

表 9-4 过程记录清单

可能的维度或项目	优势	劣势	未知信息
客户合作历史			
政策与外部环境影响			
SSO			
项目当前形势			
可能的决策影响者			
反馈态度与支持程度			
组织结果与个人赢			
客户的认知与期望			
客户认同的独特优势			
外围合作伙伴			
客户决策流程			
可能的人员或组织变化			
竞争对手与竞争影响			
其他相关信息			

注意事项：

- 本环节为项目辅导的核心环节，占一次辅导时间的30%左右。
- 通过全面扫描，找出目前存在的优势、潜在风险和未知信息。
- 判断每个问题的答案究竟是属于优势、劣势还是未知信息。

第四步：研讨方案

当销售团队完成了前三步，一般都有些兴奋，有种拨云见日的感觉。下一阶段的重点工作是什么，先做什么后做什么，团队的打单思路逐渐清晰。

教练可以这样说："好戏刚刚开始，精彩的还在后面。现在大家结合这份形势分析检查表，思考未来两周你们应该加强哪些优势，探索哪些未知，削弱哪些劣势。"

每个人都有自己的视角，所以会有不同观点。为了汇聚大家的智慧，发挥每个人的优势，接下来用“团队共创”的方式完成这项工作，确定未来两周的行动计划。具体步骤包括：

(1) 思考解决之道：每人用三分钟，结合形势分析检查表，思考总体布局策略，选择下个双周需要强化的优势、需要了解的未知信息以及需要削弱的劣势（建议每人1～3条）。

(2) 按顺序分享：团队成员按顺序分享，每人每次一条建议策略，直到穷尽所有人的想法；团队指定专人负责倾听记录，分享期间，团队成员相互不打断，不讨论，不发散。

(3) 开放研讨：总结归纳上述观点，大家深度研讨，互相质疑反思（内部实战教练可质疑和反馈问题）。

(4) 达成共识：团队讨论，达成共识，明确下个双周需要强化的1～3个优势、需要了解的1～3个未知信息、需要削弱的1～3个劣势，落实要拜访的客户关键人，设定行动目标，形成未来两周的详细行动计划（建议至少三条）。

大家开始按照流程讨论，内部实战教练在各组之间来回走动，解答疑问。

等大家制定好了行动计划，内部实战教练可以先问大家：“现在的行动计划，还有改善和提升的空间吗?”

如果大家说没有了，内部实战教练可以说：“请大家参考策略计划检查表（见表9-5），清单式检查，分析所制定的下一阶段策略计划是否合理有效。团队有分歧的地方，可能就隐藏着优化空间。我们的任何疏忽，都是给对手留下机会。精益求精，才能胜多败少。”

注意事项：

- 本环节为项目辅导的重要环节，建议占辅导总时间的30%左右。

• 这是一个反思优化的过程，教练原则上不直接给建议；内部实战教练在团队讨论的过程中保持中立。

• 遇到特殊情况，内部实战教练在过程中可作为业务专家提出建议，给被辅导人员参考信息，但不能代替团队做出决策。

• 如果内部实战教练发现推进策略存在较大问题，可使用多种辅导方法，帮助团队打破固有思维，看到更多可能性。教练可质疑对方的假设，不要直接质疑对方的结论。例如，教练可以问："是什么原因让你做出这样的决定/判断/计划？"

• 团队最终的策略和行动计划，一定是经过团队思考并形成的共识，而非领导（内部实战教练）安排的任务，这是教练模式的核心。

表 9-5　　策略计划检查表

任务	步骤	检查关键点说明	完成	记录与反馈
策略计划检查	1. 总体策略	1.1 目前是否有了清晰的整体推进策略？		
		1.2 是否制定了具体的进攻、防守策略？		
	2. 目标制定	2.1 关键人的态度延续或变化，是否合理？		
		2.2 关键人的支持程度变化，是否合理？		
		2.3 关键人的参与度变化，是否合理？		
		2.4 关键人的组织结果与个人赢，有哪些需要进一步清晰或明确？		
		2.5 Coach 是否为最佳人选？级别是否合理？		
	3. 行动计划	3.1 策略计划是否先征询了 Coach 的意见或建议？		
		3.2 拜访顺序中，是否遵循了固强制弱原则？		
		3.3 所采取的各个行动类型，是否为最佳方案？		
		3.4 面向关键人的行动目标，是否清晰明确？		

续前表

任务	步骤	检查关键点说明	完成	记录与反馈
策略计划检查	3. 行动计划	3.5 本次行动用的资源，是否为最佳选择？		
		3.6 本次行动完成的时间，是否现实合理？		
		3.7 本次行动，是否关注了客户的反馈模式？		
		3.8 本次行动，是否考虑了客户的参与度？		
		3.9 本次行动，是否关注了客户的组织结果与个人赢？		
	4. 行动效果	4.1 本次行动将重点提升“赢单指数”中哪个值？（Coach、EB、支持程度、态度、组织结果、个人赢）		
		4.2 你对这个策略计划的感觉和信心如何？		

第五步：付诸行动

策略计划检查表引发进一步的反思，有的小组找到了更合适的策略和行动计划。其实每个人的潜能都超乎自己的想象。教练模式相信每个人都有解决问题所需的资源和能力。有人发现“运筹帷幄”这种务虚的话原来也可以按照逻辑、按流程来操作，改变了他们对“策略销售”的认知，对赢得项目更有信心。

大家都完成了策略和行动计划的再次优化，教练可以说：“恭喜大家，你们未必制定了最完美的策略计划，但至少找到了当下最好的策略计划。计划再完美，没有执行，也是纸上谈兵。因此，计划必须细化，分解到每个人头上。大家内部分工，以任务清单方式，简要记录各项任务，明确负责人、参与人，以及完成时间，讨论成果应记录在双周任务分工表中。为更好地落实行动计划，我们要设置关键检查点，发生异常情况及时反馈。

“这是我们的最后一个环节，和前面各步骤一起，构成了一个闭环。两周后我们将检查计划的执行情况。”

注意事项：

- 针对重要行动或者关键拜访，设置关键检查点，以降低项目风险。
- 反馈机制指的是行动过程中，团队成员和教练及时沟通进展。若有进展，内部实战教练应及时鼓励，鼓舞团队士气；若有任何异常，应及时沟通，调整计划；若有疑惑，应及时解答。
- 此环节的核心是鼓励团队信心、强化反馈机制。
- 两周后，内部实战教练将根据分工情况，检查此计划的完成情况，回顾变化、重新梳理优劣势和未知信息清单，研讨确定新的策略和计划。

实战辅导技巧

技巧1：团队共创

团体讨论的过程中，容易出现“大嗓门”现象，导致一个小组的研讨，被少数人控制，大多数人丧失发言机会。领导、专家、情绪特别激动的成员、口才特别好的成员，都容易成为“大嗓门”。少数人发言过多，会干扰甚至消除其他人表达的意愿，降低其他人的参与度。这种情况下，不管发言的人讲得多么好，其他人对研讨结论的认同度也不会高，更不会尽全力去执行。

因此，在销售辅导过程中，要让大家按流程研讨，这样才能激发全体智慧、强强联合，产生1+1>2的效果。团队共创是一种便捷高效的研讨方法。一方面能让所有人独立思考，有发言机会，避免会谈被少数“大嗓门”控制，另一方面又能收集所有人的观点，针对重点、难点、疑点进行研讨。

使用团队共创方法时，需要注意以下五大原则：

聚焦：主题不跑偏

充分：人人都贡献

同步：准时必完成

尊重：人人是专家

分工：分工不分家

使用团队共创方法的步骤：

步骤1，介绍规则：明确研讨主题，介绍规则与流程。

步骤2，独立思考：每人独立静默3～5分钟，进行自我思考；逐条写出具体措施或建议；内部实战教练巡视确保每个人独立思考。

步骤3，小组内部依次发表意见：每次每人只说一条，持续进行，直至穷尽每个人的观点。此处核心是每人每次只说一条，让尽可能多的人发言，避免一两个“大嗓门”主导研讨过程，其他人保持沉默。有些成员非常专业，写了很多条，一次也只能说一条。

步骤4，形成决议：教练引导大家对这些意见进行分析论证；针对重点、焦点内容深入讨论；汇总确定大家达成共识的意见。

步骤5，确认结果：回顾研讨过程，简述最后形成的研讨成果，请全体成员确认研讨成果，致谢小组成员。

团队共创中，内部实战教练的六个注意点：

（1）中立：不干涉、不评判内容的产生

（2）发散：充分发散，每个人都要贡献

（3）界定：对问题、挑战达成共识后再共创

（4）收敛：合并相同建议，根据典型、难度、成本等要素进行再次收敛

（5）排序：重要性排序、时间排序

（6）优化：发动学员建议，结合自身看法，完善计划和行动步骤

技巧2：保持中立

辅导过程中，内部实战教练大部分时间是过程专家，专注于过程，这也是内部实战教练本身的职责；同时，内部实战教练要对内容保持中立。内部实战教练可以通过问题引导对内容的思考、提出建议，但不能替代辅导对象去思考或做出决定。

一方面，你了解的背景信息没有团队成员多，如果直接给建议，就是以自己曾经的成功经验去解决不同场景下的问题，其有效性可想而知。所谓“法不孤起，仗境方生”，脱离真实的情景去谈方法和策略，等于刻舟求剑。如果辅导对象100%执行了你的建议，单子丢了谁负责？另一方面，直接给出建议，辅导对象自己没有深度思考，项目最终不管是成功了，还是失败了，他们的能力都没有提升，不利于他们的成长。

内部实战教练要对内容保持中立，激发被辅导者思考，让他们自己形成结论，这个结论就属于“他们”，他们就有了所有权，也有了责任感，他们就会为之奋斗。即使失败了，他们也会去反思，通过反思获得成长。在这个过程中，内部实战教练可以通过方法、原理、知识点、逻辑，进行建设性反馈、质疑其假设、分享自己观点，去引发辅导对象深度思考、启发他们找到新的做法，但内部实战教练永远不能将自己的观点强加给对方，更不能替代小组进行决策。

如果项目到了关键时刻，小组讨论的策略有重大风险，而内部实战教练有过提示和反馈，团队并没有采纳。这种情况下，内部实战教练有两种选择。第一种选择，如果这个客户和项目影响不是特别大，可让团队执行他们达成“共识”的策略。表面上看，项目有可能失败，但在团队能力培养上是成功的。成长，总是要付出一些代价的，天下没有免费的午餐。就好比孩子学走路，如果因为怕摔跤一直抱着，孩子可能很难学会走路。

第二种选择，如果这个客户是核心客户，这个项目是重大项目，志在必得，容不得有半点闪失，内部实战教练可以“暂时”跳出中立角色。这种情况下，必须要让小组成员意识到你已经转化角色，变成了与内容相关的角色，是内容专家。此时内部实战教练和团队成员身份一样，作为一个经验丰富的成员，分享自己的观点。为了避免小组成员混淆你的角色，你必须在发言过程中进行明确的角色切换。有时候为了表示这种角色转化，可以采用更夸张和明显的方式。比如准备一个帽子，戴着帽子是过程专家，是内部实战教练，摘下帽子就是内容专家，是团队一员。或者以站立和坐下等不同姿势来说明身份：站立是过程专家，是内部实战教练；坐下是内容专家，是团队一员。

技巧 3：三类提问

第一，探索类问题。例如，“造成客户不支持的原因有哪些?”“什么原因导致客户反馈是 T 模式?”“客户支持你的原因是什么?”“你说这个人的支持程度是+3，是因为什么原因让你做出这个判断?”“他有什么具体行为表现呢？给大家分享一下。”

探索类问题是鼓励对方发言，提供更多背景信息。也许等某个成员说完，其他人就会有不同判断、引发更多思考。

第二，转换类问题。例如，“缺少预算是项目延期的原因吗?”“想让他的支持程度变成+3，你选择深谈需求，还是公关?”“你觉得出动专家合适，还是出动高管合适?”

使用转换类问题，是为了解决辅导对象的思维卡住的问题。内部实战教练帮助转化思维，辅导对象就能发现一种甚至几种新方法，因为换一种思维，就换了一个世界，看到了就容易做到。

例如，如果被辅导者觉得要请高管见 UB，可以这么问："在方案阶段，一个需求暂时不是特别清晰的项目，我们要去见 UB 负责人，你觉得是需要一个高管还是一个专家呢?”

第三，中性评价问题。研讨过程中，难免有人会跑题。如果严肃地说“你跑题了”，对方心里会不舒服，容易伤感情，影响积极性。遇到这种情况，可以说："我觉得小李的想法很有创意/小王这个话题很有意思，大家想一想，结合我们研讨的×××主题，还能想到什么?”

如果用开车来比喻，探索类问题是加油；如果方向偏了，就用转换类问题来转方向；如果有人跑题了，就用中性评价问题来刹车。

技巧 4：验证假设

任何人的观点或结论，都是基于某些前提假设的推论。如果内部实战教练直接否定被辅导者的观点或结论，容易发生争执甚至冲突。心理学认为“每个人都会在当下做出自己认为正确的选择”，他一定认为自己是对的，才会这么说。所以，要修正对方的观点，首先要和对方一起探索观点后面的假设，通过提问，了解前提假设，然后探索是否还有其他的可能，并引入其他人的观点去冲击他，最终让对方基于这些输入和冲击，重新思考自己的观点是否需要完善甚至修改，从而重塑自己的观点。这个过程，就是验证假设（见图 9-2）。

验证假设并不是推翻对方原来的观点，将内部实战教练的观点强加给

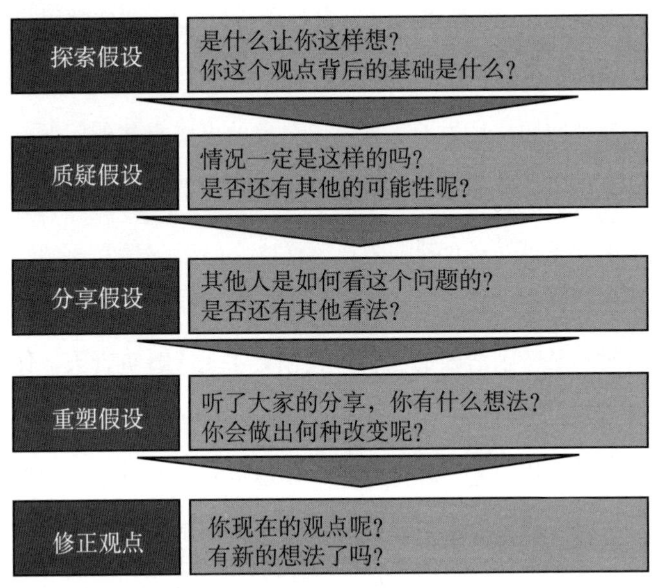

图 9-2　验证假设

对方，它不是一个“辩论和说服”的过程，而是一个带领辅导对象梳理、深入思考的过程。有可能聊到最后，对方还是觉得自己的观点是对的，当下他觉得不再需要完善了，那就接受它；同时，由于大家都理解了背后的原因，达成了共识，团队行动起来也更有信心，能够心无旁骛，全力以赴！

很多销售人员有个习惯，喜欢找自己公司的高层领导“搞定”客户的老大。在一次辅导中，有个销售人员认为，因为自己的老大和对方的老大关系很好，所以这个项目肯定是我们的。

如果遇到这种情况，可以尝试用以下对话来让被辅导对象深入思考：

第一步：探索假设。“是什么原因让你觉得，你们老大和对方老大是哥们，这项目就是你的呢?”

销售人员回答：“现在是关系社会，买谁的都一样。他们认识很久了，哥们不照顾哥们，照顾谁呢?”

第二步：质疑假设。“情况一定是这样吗？我们有没有遇到过，虽然老大之间关系很好，但还是丢单了?”

复杂项目一般影响都比较大，有些项目的成败会影响组织内部的政治格局，甚至个人职业生涯。除非是无关紧要的项目，否则没有人会冒险把项目送给“关系不错的人”。

第三步：分享假设。“其他人是如何看这个问题的?是否还有其他看法?”

实际情况没那么绝对，对于同样的主题，可能有不同观点，邀请大家都来分享一下，从而对这个观点形成冲击，引发对方反思。

万一其他人也认为“只要老大之间关系好，项目肯定跑不了”，内部实战教练可以用分享第三方故事的方式，表达自己的建议。例如，有个医院项目，我们公司财务经理是医院院长的老婆，我们公司整体实力也是最强的，本来大家都以为项目稳操胜券，煮熟的鸭子飞不了。但是医院在设置招标条件时，故意设置了很多对我们不利的评分条件，最终我们丢单了。后来我们才知道，因为客户内部有人知道这层关系，放出一些风言风语，院长为了避嫌，以证明自己的清白和大公无私，私下要求项目负责人绝对不能让我们中标。

第四步，重塑假设。“听了大家的分享，你有什么想法和新的思考呢?你觉得这个情况下，还有没有其他可能性呢?”

内部实战教练此时直接给结论，说不定会遭到被辅导者的抗拒；不如通过提问，让他自己得出结论。大部分情况下，被辅导者的观点都会有所改变，不会固执己见。

第五步：修正观点。“你现在的观点呢?有新的想法了吗?”

通过提问，让辅导对象把他的内在想法说出来，从而更有力地去行动，因为“说不出来做不到，说不清楚做不好”!

经过两天的内部实战教练培训，大家感觉收获很大，进一步清晰了如何辅导团队，如何用教练的方式给团队赋能。大家表示，应用好这套方法和逻辑，以及辅导流程、工具表格，能帮助团队制定高效的推进策略和行动计划，提高赢单率，这才是关键，因为我们是“销售”！

第十章　双周实战循环

“内部实战教练培养”训练结束后两周，外部老师再次来到接受培训的公司，这次他只待一天。八个团队分成两拨，上午和下午各四个团队。上次的内部实战教练培养课是外部老师做教练，示范如何用 GRASA 流程辅导团队，是“我做你看”；这次是各个内部实战教练用学到的方法来辅导团队，外部老师观察、纠偏、解惑答疑，是“你做我看”和“点评反馈”。

正式开始后，每个内部实战教练带领自己的团队，按照流程进行辅导。由于他们对团队比较熟悉，又做了充分的准备工作，虽然流程和步骤上有些生硬，但整体还是很流畅，大家讨论得很热烈、也很深入。

在此过程中，外部老师到每个组都坐一会儿，记录一些内容，有些时候也会直接“代替”内部实战教练，引导研讨过程。美中不足的是，有些内部实战教练在保持中立方面做得不够，一不小心就直接给出具体建议，导致部分成员对最终成果的拥有感不强。有些内部实战教练发现问题后，没有“质疑假设”，而是直接反驳团队成员的想法。有些团队，讨论到某个点上兴奋起来，明显跑题，内部实战教练也没有及时拉回来。

研讨结束时，外部老师给八个内部实战教练逐一反馈，鼓励他们一定能做得更好。

团队开展双周实战

后来每隔两周，内部实战教练就组织团队，召开一次实战分析会。在双周实战过程中，项目运营团队会定期进行总结，并就发现的一些问题，及时与督导团队沟通，明确改善计划，推动项目前进。以下内容，是在双周实战过程中的常见现象，供读者参考。

现象 1：部分团队没有定期开展双周实战

每到双周结束，运营团队和各个试点团队沟通时，总会发现：有些团队定期按照流程开展了辅导，有些团队并没有完成，其比重约为 3∶2。询问没有按照流程开展辅导的原因，大多回答说日常工作太忙了，要么临时有重要事情要处理，要么团队成员人不齐。

《高效能人士的执行 4 原则》中写道："执行力真正的敌人是你的日常事务!"日常事务通常看起来都"很紧急"，甚至"很重要"，它们每一分每一秒都在催促着你和那些为你工作的人。训战结合制定的各种目标虽然也很重要，只是一旦与所谓"紧急""重要"的日常事务发生冲突，90%以上的情况，都是日常事务取得胜利。因为"重要的目标"都是需要你在日常事务之外做的一些新事务，之间难免会发生一些冲突。倘若我们没有"十指弹钢琴，事事皆不误"的功夫，顾此失彼也就在情理之中了。

在双周实战过程中，只有定期召开实战分析会，才能固化理论方法，应用所学知识和技能，最终产生效果。为了让各个试点团队将实战分析落到实处，每个双周开始时，运营团队要注意询问各个试点团队准备开会的时间，并在开会之前三天，再次提醒该团队。如果计划有变，应尽快做出调整，避免让实战分析会成为双周结束进行统计时的“马后炮”。如果有团队连续两次没有开展实战分析，督导团队应该约谈该团队负责人，了解原因，拟定改进措施。

现象 2：运营和督导团队没有定期总结复盘

在项目推进过程中，运营团队负责各项计划的制定、任务的发布、跟踪和结果统计，督导团队负责监督提醒，发生偏差时及时纠正。建议运营和督导团队定期召开有关训战结合项目的会议。

这种会议不同于我们日常召开的随意性较大的会议，建议在固定时间召开，长期坚持，形成常态。这种会议，主题必须高度聚焦，不讨论训战结合项目之外的其他任何议题。时间控制在 20～30 分钟内，集中精力，高效研讨，形成结论，快速执行。

这种会议有三个议题：（1）问责：简要汇报上次制定的工作计划完成情况，若未完成，需要简洁说明偏差。（2）回顾计分表：总结滞后性指标和引领性指标的完成情况，看是否在预期范围之内？对项目有何影响？（3）制定下一个双周的工作计划：接下来将要完成哪些重要工作。每一项工作计划，必须满足两个标准：第一，每一项计划必须具备一个特定的结果，以促使有关人员对这一结果负责，力求避免被日常事务所耽搁。第二，计划必须能够影响指引性指标。如果计划的工作不能带动指引性指标实现的话，它对团队最重要目标的达成就缺乏意义。

现象 3：实战分析会准备不足

团队成员准备不足。有些试点团队在召开实战分析会前，没有总结上一个双周计划的执行情况，没有系统思考发生了哪些变化和进展，没有思考可能的应对策略。到了开会时间，团队成员也是匆匆到达现场，明显准备不足。有些团队按照流程已经开始共创策略计划，个别成员却又想起了项目发生的重要变化，提出要补充进去。大家不得不重新评估此信息对项目的影响，调整优劣势和未知信息清单，重新思考应对策略，导致延期。

内部实战教练准备不足。各个团队的内部实战教练有时候会交叉辅导项目。内部实战教练在开始辅导之前，并没有详细了解项目背景信息，没有了解上一次分析会中梳理的优劣势和未知信息清单，以及制定的内部分工。到达现场之后，团队成员不得不重新介绍项目背景和之前开展的工作。团队成员介绍过程中，内部实战教练也未必能够集中精力听，因为他同时在思考，此类项目应该给出什么建议。在此过程中，不仅浪费了较多时间，还会影响团队成员对内部实战教练的信任感，最终影响辅导效果。

有些内部实战教练在辅导自己团队的项目时，也准备不充分。他们自认为对成员和项目都很熟悉，随意指点几句，都能让团队成员“醍醐灌顶”。他们没有注意到：实战分析会的核心价值，并不是希望内部实战教练直接给出行动建议，而是通过内部实战教练提问，启发团队成员从更多维度思考，更深入地思考，最终看到更多可能性，制订出更好的策略计划。而内部实战教练要问出好问题，引导团队思考方向，必须提前对项目进行深入思考。

现象 4：内部实战教练没有保持中立

在辅导过程中，有些内部实战教练没有很好地保持中立。例如，分析会开始，有些内部实战教练说：“兄弟们，怎么回事啊，我们团队排名都成倒数了，我都被领导在群里点名批评了。下次可不能这样了！”

有些内部实战教练说：“兄弟们，××团队的项目已经快签约了，我们的项目还没什么动静。上周定的计划，大部分也没完成，这个项目看起来没什么进展。大家要加油啊！”

有些内部实战教练说："大家知道吗？我们整个部门，连续两个月没有完成总部下达的指标。形势很严峻，再这么下去，年底大家都没法过年了！"

类似这种开场白，一开始就营造出了一种"负能量"的氛围，会引起大家的负面思考和消极情绪。不仅不能给团队打气，反而会让团队更加丧气。

在"回顾进展"环节，有些内部实战教练说："你们说的这些变化，都不重要。根据我的经验，你们要特别留意……我们曾经有个项目就是因为这种情况丢单的。"

在"思考解决之道"环节，团队成员有时候被某些问题困住了，想不出好主意。有些内部实战教练会直接说："我告诉你们，如果是我来操盘这个项目，下一步我们要做这样几件事情，分别是……"结果，团队成员认为反正内部实战教练会直接提供答案，还可能会推翻自己之前的思考，那还不如等答案。更严重的是，团队成员还可能会生出"你要求我这么做，我就试试看"的消极应付心态，也可能不会尽力而为。如果效果不佳，他们反而会认为是内部实战教练决策失误。

内部实战教练要牢牢记住这 17 个字"毋代马走，使尽其力；毋代鸟飞，使弊其羽翼"，不要代替团队成员去思考和做决定。内部实战教练要做的事情是：通过对话，让团队成员自己发现问题、找到答案，最终感受到"我找到了方法，我愿意做"。这样，通过一段时间的训练，团队成员的思考会越来越深入、越来越全面，制订策略的能力也会逐步提升。

现象 5：实战分析会没有聚焦主题

在实战分析会中，有些团队经常出现跑题的现象。

有时候，大家会陷入细节中。比如在回顾项目进展时，有人说："上次我们做需求调研，发现客户的需求和我们之前的判断有较大出入。我们沟通了很久，客户还是坚持他们的想法。”说着说着，就打开 PPT，介绍两种思路的差异。一不留神，十多分钟就过去了。陷入某一个细节展开讨论，势必导致会议延期。在这种情况下，内部实战教练有必要提醒团队成员，用简明扼要的语言描述发生的变化，不要纠缠于某一细节之中。

有时候，内部实战教练希望通过相关故事启发团队，一不小心就变成了故事会。故事背景比较复杂，内部实战教练讲得精彩，情节引人入胜，最终“成功”地吸引了大家的注意力，以至于忘记了这次会议的议题究竟是什么。在这种情况下，团队内必须有人及时制止，提醒大家聚焦会议主题。

有时候，团队成员会针对某一项行动计划是否值得做、是否需要马上做，展开争论。在这种情况下，意见分歧者应简要说明理由，求同存异，尽快达成共识。

现象 6：积分没有充分发挥作用

虽然运营团队每个双周都会统计各团队积分并公布结果，但没有充分发挥作用。有些人不知道如何查看积分表。有些团队成员觉得积分表项目内容太多，对于完成哪些关键动作才可以获得积分心中无底。有些团队成员，发现自己团队的积分较低，排名靠后，和领先团队的差距较大，觉得事已至此，再努力也没有用。

为此，我们建议制作两类积分表，第一类用于统计各个团队的得分排名情况，向上级汇报。第二类则着重于鼓舞士气，让各个团队互相 PK，共同前进。《高效能人士的执行 4 原则》中，把前者称为“教练型”积分表，后者称为“选手型”积分表。第一类指标可以全一些，第二类只体现关键指标即可，定期公布第二类积分，让每个成员都知道自己和团队排名。

为了防止某些团队因为积分落后而自暴自弃，建议对团队公布的积分以双周为统计单元，对各团队在双周内的表现进行排名。

现象 7：计划和执行没有形成闭环

双周结束了，有些团队制定的计划完成得不理想。计划再完美，如果没有执行，也是纸上谈兵。因此，每次实战分析会开始时，我们都要回顾上个计划的完成情况，每一项计划是否完成？如果有偏差，偏差是什么？下一步改进措施是什么？没有完成的计划，是延期完成？还是取消？还是改变？都要有一个说法。

如果一个团队持续出现任务完成率过低的情况，就要分析原因。一般而言，计划没有完成，主要原因有三种：第一，计划制定的任务过多，目标太高。曾经有个团队，两周内定了 12 项任务，结果只完成了 3 项。而这已经完成的 3 项任务，并不是最有价值的任务，而是最容易完成的任务。后来团队反思发现，即使这两周其他项目都不管，这 12 项任务也不可能全部完成。这种情况下，我们需要提醒团队聚焦项目重点，减少任务数量，制定出影响项目推动的关键行动计划，以确保这些计划完成。第二，情况发生了变化，导致有些行动没法开展，或者没必要进行。如果这种情况偶尔出现，属于正常现象，VUCA 时代变化加速，我们只能敏锐识别变化，根据变化及时调整计划，但若频繁出现，则可能意味着有潜在风险。团队需要思考角色覆盖是否全面，信息获取渠道是否过于单一，是否还有其他人在推动项目。第三，忙于日常事务，对本项目的任务没有安排足够时间。这种情况最常见，因为日常事务是战略变革的最大敌人。

如果某个团队成员因为忙碌的日常事务或突发缘由，没有完成本项目计划中的工作，可以按照以下三步处理。

第一步：表示对他的理解。我们可以说："小张，你上周所做的这些事情，对公司很重要。如果没有你的努力，我们可能会…… 大家都知道你在上一周所付出的辛勤劳动，也知道那些事务对我们是多么重要，感谢你的付出。"

这一步很重要，因为很多日常事务，我们不得不做，我们首先要肯定对方的工作是有价值的，日常事务也是重要的。

第二步：重申每个人的责任。我们可以说："小张，我还想让你知道，你对我们团队实现最重要目标很重要。少了你的工作，我们的最重要目标就难以实现。也就是说，只要制定了工作计划，我们就必须想办法完成这个计划，不论中途发生了什么事情。"

第三步：鼓舞士气。我们可以说："小张，我知道，你也想继续为我们的最重要目标而努力。你看这样好不好，你在完成下周工作的同时，把这周没有完成的工作任务也收个尾。加油！我们拭目以待！"

通过这三步，既表达了对团队成员的理解和尊重，又重申了目标，鼓励对方把落下的工作补回来。只要他真心想做某件事情，时间一定是可以挤出来的。通过这种方式，推动整个团队，朝着既定的最重要目标一步步迈进。

现象 8：做项目常用三板斧

我们发现各个团队在制定策略计划时，最常用的有三招：讲方案、攻高层、拼价格。销售人员发现了商机，就去拜访客户，确认客户是否真的有需求，我们能否满足。销售人员和客户简单沟通需求，回头就找公司的专家或方案经理，给客户讲解一个非常全面的"综合解决方案"。这种做法，好比我们是一家饭店，听到某个客户说饿了，就给客户介绍所有的菜。

项目推进过程中，总觉得底下人说了不算，想办法找高层。如果基层和中层对我们不太感冒，就会铆足了劲去"攻关"客户高层。在"分析关键角色”一节中，我们已对这种做法的风险进行了分析，在此不作赘述。

分析我们和竞争对手的优劣势，如果“我们的价格比对手低”，项目团队就信心满满，否则，觉得这个项目最大的风险就是“我们的价格比对手高”。在和客户沟通中，不管对方是 UB、TB 还是 EB，千篇一律都是“通过介绍我公司优势，得到对方支持”，忽略不同角色的关注重点。

现象 9：习惯反复演示产品、讲解通用方案和样板参观

有些团队在意向阶段和方案阶段，多次演示产品和讲解方案，其实大可不必。意向阶段，客户可能还没有清晰的需求，所以也没法讲解针对性的方案，只能讲通用方案。这种做法，类似乱枪打鸟、无的放矢，运气好时或许能碰巧打中目标，然而，世上有多少人能经常碰上好运气呢？

在方案阶段，如果讲完方案后客户不满意，销售人员就跟技术人员说：“你们要根据客户的反馈意见，尽快修改方案。”如果多次修改，客户仍然不满意，就说自己公司技术实力不如竞争对手。其实很多时候，销售人员并没有认真分析客户的需求，以及客户提出需求的原因，也没有根据不同角色的特点，差异化地呈现方案。要知道同一个方案，面向反馈模式为 G 的人和反馈模式为 T 的人，呈现的思路和重点都是不一样的。

有些团队喜欢请新客户参观样板客户。但在参观之前，却没有思考“为什么要组织这次参观？通过这次参观要达到什么目的？”销售人员也不清楚客户最关心什么，客户希望看到什么。而且事先也没有和样板客户的关键人沟通，没有告诉对方应该重点说什么。结果，参观效果并不理想。有个团队反馈，新客户本来挺感兴趣，参观样板客户之后，觉得“投资这么大，效果也不过如此”，项目被搁置下来。

现象 10：强攻客户高层 EB，却忽略 UB 和 TB

有些团队超过一半的策略都是请公司高层领导去“攻关”客户决策层，

认为只要客户决策层支持，下面的人自然会拥护。团队认为下面的人说了都不算，没必要浪费时间和精力，导致基础工作很不扎实。

我们曾经分析过，UB可能是客户需求源头，只有UB用好了，项目才会产生价值，才可能重复购买，双方持续合作。TB是守门员，如果你没有尊重和满足某项重要标准，可能都没有机会参与最终竞标，或者竞标时频繁丢分。

有个团队分享了一个案例。这是一项新业务，前期和UB沟通很少，主要和EB和TB沟通。招标完成了，他们制定了详细的实施方案，给客户讲解。领导开了个场，就走了，在座的基本上都是UB。他们讲了总体实施思路，有个UB站起来说："这不是我们需要的产品，只会增加工作量，没价值。"当时现场气氛非常尴尬，他们恨不得找个地缝钻进去。

现象11：重视老熟人，信息来源单一，无法验证真伪

有些团队列了很多角色，但每次行动计划都是针对少数几个人。细问原因，原来这些人曾经支持过他们，是老熟人。所有相关的信息，都是从这几个人口中获得的。这种做法有一种潜在风险：如果这几个人并不是真心帮你，或者他们原本就是对方的Coach，有意给你提供虚假信息，你就可能被误导，落入对方精心设计的圈套中。

这种情况下，我们一方面祈祷这些人都是真心帮我们的，他们所提供的都是真实信息；另一方面，我们有必要拓宽信息源，发展更多支持者，遇上重要信息必须经多方验证，反复推敲。只有情报准确，才能制定精准的行动计划。

现象12：行动计划模糊，重在呈现而非探索

行动计划中，拜访目标比较模糊，比如"得到他的支持""希望他认可我们的方案""请新客户参观样板客户"等。这种做法，大多是站在卖方角度思考，认为客户就是想买。如果换个位置，站在客户的角度上去思考，想想现阶段客户最关注什么？需要供应商提供哪些有价值的信息？下一步他需要做什么？然后将这些内容列入拜访计划中去，思路也许就清晰明了多了。

有些团队的行动计划，希望仅仅通过讲解方案、演示产品、介绍样板案例等方式，就能获得客户支持，但这种做法收效甚微。如果没有探索清楚客户的认知与期望，就直接呈现，好比没有诊断病情便直接开药，这样做很容易引起对方的质疑甚至反感。从心理学角度出发，每个人都希望自己的事情自己做决定，人人喜欢购买而不喜欢被推销。

现象 13：只关注客户提出的“显性需求”，不深思客户为何购买

很多团队在讨论的时候，只看到了客户的显性需求，聚焦客户需要的产品和方案。至于客户为什么要购买？客户所在的行业有哪些重要变化？客户的应对战略是什么？客户要完成哪些关键任务？现实中有什么问题和障碍？客户需要具备哪些新的能力？这个项目和客户哪个重要目标相关联？这个项目可能对哪些部门有影响？客户为什么提出这些具体要求？这些要求是为了解决哪些人的问题？对这些问题都没有进行深思与探索，对客户的了解比较肤浅。只有把这些问题全都分析清楚了，才能说真正了解了客户的需求。

内化于心，外化于行

每次实战分析会后，大家都会在群里发一些心得体会。从这些总结中可以看出来，双周辅导正在推动着项目一步步前进，不管是团队成员，还是内部实战教练，都在逐步加深对策略销售的理解。

学员总结 1：前面的培训，我们自以为都懂了。在辅导过程中，我们暴露出了一些问题。例如，关于项目阶段的定义，我们小组就有不同理解，我之前认为我们把该做的事提前做完了，就进入了下一个阶段。经过讨论，我们发现，所谓的项目阶段，是由客户决定的，客户在每个阶段会有一些标志性的行动。例如，这个项目我们已经提交了初步方案，感觉到了方案阶段，客户内部虽然同意拿我们的方案去报预算，但还未正式立项，也没有明确相关预算，因此，客户还在意向阶段的后期。策略销售很多时候都是站在客户角度去分析问题，也就是所谓的“客户视角”，而我们还是喜欢用主观思维去推演，看来还是有待提高。

学员总结 2：今天下午又进行了培训。内部实战教练带着我们，复盘了最近两周拜访客户的情况，通过项目双周进展评估清单的 18 项关键检查，细致入微地分析项目进展和变化，思考对策。没有分析之前，我们自我感觉良好；通过内部实战教练的辅导发现了一些潜在的、忽视的问题。而这些问题往往会影响一个项目的成败。我们以前还是以自己为中心，注意力都集中在我们的方案上。经过研讨和与内部实战教练的分享，我们发现，其实可以从该行业的发展趋势了解客户的战略目标和实现路径。只有客户清楚了我们的方案能够帮他具备哪些新能力，实现哪些关键指标，他才能更信任我们。换位思维，如果我们只关心自己的方案，客户会觉得我们只惦记着他兜里的钱。我们的修习之路还很漫长，还需要不断从实战中分析问题，改正原来的思维方式。

学员总结 3：今天的辅导使我们静下心来回顾这两周项目的所有进展。在项目推进过程中，我们根据自己的想法设想了最好的结果和最坏的打算，但是实际上客户也在发生变化，曾在心底一掠而过的担心正逐渐成为现实；反过来验证了通过策略销售工具定期分析的必要性。通过进一步梳理评估表和检查表，根据项目的变化，团队及时统一了下一阶段的行动目标，希望我们团队下一个双周的表现会更好。

学员总结4：经过前面两周的行动计划与实践，我们的项目又有了一些新的变化，在对项目进行重新体检后，我们依据优劣势分析又制定出了下两周的计划。讨论过程中，我们对关键人的应对策略进行了激烈讨论。复杂项目销售是情报战，我们需要多个渠道验证信息真伪。目前我们的信息来源过于单一，风险较高，接下来要考虑多条腿走路，拓展获取信息的渠道，并且多方验证。今后面对项目时，通过该方法，可以快速发现问题，制定最稳妥的策略和行动计划。感觉实战辅导，就是让我们思考对的事情，做对的事，谋定而动，行动更有针对性，项目推动也顺利很多。

学员总结5：这次的实战辅导，感觉就像重新回到了学习的起点。实战辅导用的几张表格，之前也用过多次，感觉有些复杂。今天应用起来突然有种豁然开朗的感觉，我发现这些表格是智慧结晶，每张表中的每一个问题，都可能是某些项目丢单或者赢单的经验提炼。这些表格从不同的维度，反复问我们到底有没有变化？如果持续一段时间都没有变化，那么问题可能出在哪里？客户内部动力不足，还是我们对客户了解太少？甚至项目被别人推着走，客户把我们定位为“陪练”？如果有变化，是优势增强了，还是风险增多了？还有哪些应该知道但还不知道的重要信息？这些适合找谁问？优势要怎么放大？风险要怎么化解？当这些问题反复在脑中萦绕，就会让我们逐渐形成一种习惯，看问题的时候也会不由自主地从这些角度思考。这次我还尝试用销售罗盘的组织地图、赢单指数、角色雷达等分析模块来辅导项目，感觉到了什么叫事半功倍！

分享心得一方面可以强化每个人对知识点的理解，另一方面也让其他学员了解：在某个场景下，我们是如何推动项目的；我们的经验和教训是什么？

给我们印象最深刻的，是一个公司的销售负责人在微信群里发的一段话，他说：如果你做某些事情，在刻意应用某个技能，我先恭喜你，说明你正在学习不断进步。换个角度，说明你还在新手阶段。直到某一天，你信手拈来，已经把事情做好了，都没想起自己用了什么技能，才算熟手。如果你们每次分析项目都要想到策略销售的某个知识点，说明还需要继续练习。这和学开车一样，最开始倒车入库，你要先回忆一下教练的步骤，一步一步来。直到某一天，你看到一个车位，啥都没想，一眨眼的工夫，车已经稳稳停好了，才成了老司机。我相信这一切不会太遥远，期待各位，尽快走到这一天！

只要持之以恒，这一天不会太遥远！

第三部分
企业实践案例

训战结合的方法在很多公司已经得到了应用，我们将和大家分享一家世界 500 强企业的应用心得。

添翼翱翔——训战结合支撑战略转型实施

我来自中国电信上海分公司，和大家分享一下我们的训战结合项目，主题叫“添翼翱翔——训战结合支撑战略转型实施”。

这里的“添翼”有两个含义。第一个含义是同音词“天翼”。天翼是中国电信的业务品牌，涵盖了天翼手机、天翼宽带、天翼家庭、天翼飞 young、天翼云等众多的电信业务。第二个含义是增添翅膀。古希腊思想家、哲学家苏格拉底曾经说过：“世界上最快乐的事情，莫过于为梦想而奋斗。”中国电信所做的工作，就是通过信息化服务为客户的梦想插上翅膀。

我要和大家分享的内容有三个部分，分别是“为什么做训战结合”“训战结合成功实践”“训战结合成功关键要素”。

为什么做训战结合：营销队伍培养新模式

朋友们听到“中国电信”这个词，脑海里会浮现什么？我问过很多人。他们给我的回答基本上分三种，第一种印象：这是一家国有企业，是一家电信运营商；第二种印象：这是一家资源垄断型企业；第三种印象：这是一家卖宽带和手机的企业。

如果你想到的也是这些，认为电信仅仅卖手机或者宽带，说明你对电信业务接触不多，了解得不太深。其实，电信已经从传统的通信运营商，进化为综合智能信息服务运营商。除了宽带、手机、固定电话和专线等基础业务之外，我们还为政务、教育、健康医疗、工业、金融、交通物流、新兴服务、农业等行业大客户，提供综合信息化解决方案。我们有一支数万人的大客户营销团队，政企客户经理直接服务于我们的大客户，为大客户提供一对一的专享服务。每年产值过千亿元。

提到运营商，自然绕不开互联网公司，例如BATJ，两者一路相爱相伴相杀，最终共同成长。2017 年，BATJ 等公司参与了中国联通的混改，这是通信行业和互联网行业的一件大事。

互联网公司提供的大部分业务，我们业内称之为“OTT”。OTT 是“Over The Top”的缩写，这个词汇来源于“过顶传球”这个足球术语，指的是足球运动员通过在头上来回传球，最后直接越过对方球员的头顶将球送往目的地。同此一理，互联网公司利用运营商的网络，越过运营商，直接面向用户提供各种应用和服务。

当今，伴随着运营商的转型，运营商和互联网公司之间的合作越来越密切，竞争也越来越激烈。

为了应对外界环境的变化，集团公司及时制定了“转型 3.0”的新战略，计划着重推进网络智能化、业务生态化、运营智慧化，引领数字生态，做领先的综合智能信息服务运营商，助力网络强国，服务社会民生。推进业务生态化，构建智能连接、智慧家庭、互联网金融、新兴 ICT、物联网五大业务生态圈。

新战略有一个重要变化：以前我们重点是提供信息化管道，现在我们要做网络智能化、业务生态化、运营智慧化的综合智能信息服务运营商。

战略转型方向确定后，接下来就是执行，确保战略目标的落地。对于政企队伍，如何应对外部环境的变化，如何接应公司新战略，就成了摆在我们面前的重要课题。

上海地处长江入海口，是首批沿海开放城市和长江经济带的龙头城市，随着经济、金融、贸易、航运、科技创新的蓬勃发展，上海电信也在服务城市发展的过程中稳健增长。目前上海正在加快建设"国际经济中心、金融中心、贸易中心、航运中心和具有全球影响力的科创中心"，全力打造"上海服务、上海制造、上海购物、上海文化"四大品牌，聚集了大量上下游企业。总部经济快速发展，众多跨国公司和国内上规模民营企业，纷纷将集团总部、地区总部或"头脑中心"移至上海。上海电信有特大型客户数百个、中大型客户数千个。客户更加专业，需求更为复杂，众多国际国内巨头企业纷纷进入信息化服务领域，市场竞争愈加激烈，这就需要我们进一步提升大客户销售能力。

经过内部多次研讨，我们确定采用训战结合的方式，培养我们的营销队伍。我们以客户为中心，组建了服务客户的铁三角团队，以产带训，以训促产，把大客户销售的经典理论方法运用到实践过程中。我们在基层能手中培养营销精英，在业务中坚中培养行业骨干精英，在管理骨干中培养内训师和内部实战教练，取得明显成效。

训战结合成功实践：人才培养和业绩提升

我们的训战结合项目分为三阶段、七步骤。第一阶段包含了三个步骤，即领会集团文件制定实施方案、项目立项和标准培训。我们结合上海特色设计实施方案，申请成为集团试点，开展规模轮训，导入方法论。第二阶段包含两个步骤，即项目启动会和实战辅导。我们精选试点团队和项目，以双周为循环单元，借助系统定期分析项目形势，制定策略和行动计划。第三阶段包括两个步骤，技能竞赛和总结提升。我们通过大赛检验训练成果，树立典型，总结经验，复制推广。

通过训战结合项目，我们实现了人才培养和业绩提升的目标，接应了集团战略转型。其间，我们培养了40名企业内训师和内部实战教练，实战辅导了40个重点项目，开展了158次拜访；挖掘商机数亿，签约数千万元。经过验证，这套方法有效提升了大客户销售能力，已经成为团队成员新的工作习惯。

在训产合一过程中，我们按照项目全景视图，不走形，不走样，不走偏，逐步推进落实。我们制定计划，向集团上报实施方案。方案获批后，领导签署项目承诺书，公司高层担任训战结合项目组的组长。标准培训阶段，前期邀请集团和其他省市的优秀内训师，后期以我们的内训师为主。

我们召开了一个项目启动会，会上既有领导发言，阐述训战结合项目的重要意义，也有各个试点团队宣誓，梦想墙签约和授旗仪式。启动会议之后，立即进入实战项目导入，即工作坊环节。在这个过程中，大家把所学理论和实际项目相结合，分析形势，制定策略和拜访计划，将之录入到系统中。

实战项目导入之后，进入核心环节——实战辅导。在这个过程中，运营团队会提醒各个团队的内部实战教练，内部实战教练提醒团队每个成员，尽快执行之前制定的计划。通过双周实战循环，逐步固化成果，把方法论内化于心，外化于行。实战辅导前三期由外部教练带教，公司的内部实战教练观摩学习，后期由内部实战教练进行辅导。在这个过程中，我们规定了固定时间、固定地点，派专人去督导。各个团队分别组织项目分析会，内部实战教练和团队成员通过一些流程和表格，把双周的一些重要信息梳理和记录下来。例如和上一次分析时相比，项目发生了什么变化？有什么进展？存在哪些问题？困难是什么？下一步的总体策略是什么？怎么做效果会更好？

在这个过程中，不同的人视角不同，会碰撞出一些思想火花。我们建了一个群，把每个学员、教练和内训师以及销售管理者请到群里。我们鼓励员工分享他们的学习和应用心得。分享心得一方面可以强化每个人对知识点的理解，另一方面也让其他学员了解：在某个场景下，我们是如何推动项目的；我们的经验和教训是什么？

很多学员的分享，我觉得很有意义。例如，有个学员的心得是“深挖需求，谋定而动”。他说，以前遇到商机，第一反应是看对方要不要宽带和手机。通过系统学习，今后遇到商机首先应该先思考客户为什么要改变？然后分析这个项目的 SSO，判断项目现在处于什么阶段，形势如何？要从多个维度分析每一个关键人，包括他是谁？他对项目的态度？他是否支持我们？他的参与度大小和影响力高低？他到底想要什么？分析清楚了，再因人而异，制定策略。另一个学员补充说，策略固然精妙，但是如果不付诸实践，也是纸上谈兵，产生不了实际效果，所以我们也要跟踪策略的执行效果，不断优化。

有个学员的总结是“要培养新的拜访习惯”。他说，通过学习，发现拜访之前应该多做功课。例如约见客户之前要准备有效约见理由，见面之后要暖场，所以要提前准备暖场问题。沟通过程中要多倾听，多提问。因此，拜访前要准备问题清单，这次要问哪些问题。问清楚了，基于客户的关注点，呈现我们的优势。呈现优势并不是给客户介绍或演示产品，而是要结合客户的应用场景呈现应用价值。拜访结束后，要对拜访效果进行总结评估。把这些环节做到位，才能提高我们的拜访效率。

有个学员的感悟是“只实战，无理论提升，运气不常有”。他说以前做项目主要靠经验，项目成功了或者失败了，也没有系统总结上升为理论。有些项目的成功，很大程度上是运气好。但是不可能每次运气都那么好。这次学习了这套方法论，发现曾经成功的项目都是因为做对了某些关键事情，是有规律可循的。曾经失败的项目，也知道问题出在哪儿，下次再遇到类似的项目，也知道如何避免。

实战过程是核心，我们总结为“实战三步”。第一步，导入理论方法。我们导入了实战项目策略分析方法、关键客户拜访准备和方案设计方法论，做到谋定而动，精准出击。第二步是双周实战循环。以双周为循环单元，通过分析制定推进策略，开展“准备-实战-复盘-辅导”。第三步，通过实战对抗，检验大家各种销售能力的掌握程度，找出短板，查漏补缺。通过大赛，发现优秀人员，总结经验，复制推广。

训战结合成功关键要素：贵在坚持，重在运营督导

第一个关键要素是内部实战教练。在训产合一过程中，内部实战教练起到了一个承上启下的重要作用。他是大项目的辅导者、团队能力提升的催化剂。我们对内部实战教练的要求比较高，他们既要掌握大客户销售的理论方法，更要和自己的实际经验相融合，还要掌握辅导团队的技巧，整合团队力量，进行项目攻坚。这群精英在公司承担了一定的压力指标，也创造了很多典型案例，通过他们的成功实践带动了更多团队。

在内部实战教练选择方面，我们重点考虑了四个维度，分别是：实战经验丰富、有教练辅导能力、个人意愿强烈、有项目管理能力。总而言之，既要考虑其个人兴趣和实战能力，又要考虑他带领团队的能力，因为他对团队成长非常重要。

内部实战教练的培养过程，我们总结为“学练教带”。首先是系统学习理论知识和辅导方法，学完以后要刻意练习，练完以后要教会团队，最终带领这些团队共同成长。

第二个关键要素是内训师。内部实战教练偏重实战技能，内训师偏重知识传承，技能和知识相辅相成，缺一不可。在训产合一过程中，内训师需要普及各种知识和技能，因此他必须具备较高的专业水平、表达能力和总结能力。在标准培训环节，我们通过内训师转训授课，一个班几十人，快速覆盖了上千名政企客户经理。对于内训师的“选用育留”，我们也探索出了一套体系。在实战过程中，内训师为团队成员及时答疑解惑，指导团队更好地应用方法和工具。

第三个关键要素是选择试点项目和试点团队。我们选内部实战教练，选内训师，都是为了帮助试点团队推动试点项目。只有通过真刀实枪的演练，才能够把理论方法内化，灵活应用于实践，打造标杆，形成可以复制推广的经验。

每个试点团队铁三角由行业经理、客户经理和解决方案经理组成。行业经理负责一个细分行业的营销拓展，客户经理就是我们通常所说的销售人员。如果没有解决方案，我们永远只能卖简单产品。以客户为中心，我们定期研究客户的行业趋势和应对战略，分析项目形势，制定销售策略，拜访客户赢得信任，和客户共创解决方案。

以前，我们的客户经理拜访客户，经常问的一句话是什么？“你要不要天翼手机？”“要不要天翼宽带？”如果对方已经用了天翼宽带，就问要不要升级？把 10 兆升级为 100 兆。这可能是我们的销售人员最通常的做法。

通过训战结合，他们开始思考客户为什么要改变？客户遇到了什么变化？为了应对变化，客户制定了什么战略？客户需要什么能力？我们如何帮助客户实现其目标？通过对这些问题的探讨，我们不仅获得了更深层次的需求，帮助客户优化解决方案，而且和客户的关系也得到了提升。

试点项目必须是集团重点行业，或本地重点客户，或具有较大推广复制价值的项目。上海的大客户比较多，很多客户在全国都有较大影响力。试点项目选定之后，我们和客户共创，通过信息化技术，助力这些企业做大做强，提升客户的核心竞争力。在客户成长的同时，我们也同步成长。

团队成员的选择，需要综合考虑实战经验和学习意愿，两者缺一不可。团队成员必须曾经负责或参与过重大项目，具有实战经验。团队成员先参加标准课程培训，学好基础知识，再进行实战演练。实战演练时，内部实战教练和内训师也会参与，并给予反馈。

第四个关键要素是运营和督导。训战结合项目的核心在双周实战循环。如何确保双周辅导落地，运营和督导机制起到了关键作用。我们在项目启动之初，就设计了积分制度，团队任务完成得好不好，都将获得相应的积分。通过各种积分，激励团队完成任务。我们定期统计和通报排名，让每个团队都清楚自己的实时排名情况。我们成立了督导团队，重要环节会派督导分别参与各个团队的会议。如果计划中应该完成的任务没有完成，就要扣积分。设计积分制和奖励措施的目的不是为了惩罚大家，而是为了激励大家争创先进，给团队加油。

第五个关键要素是前后端联动、多部门协同。除了业务部门，我们的人力和工会等部门也参与进来，关键节点协同作战，共同推动项目。通过训战结合项目，我们把销售管理者、骨干、基层员工、内部实战教练、内训师等资源充分整合起来，推动训战项目的持续化和常态化。

最后，还想跟大家分享八个字：不忘初心，贵在坚持。

销售培训的目的是为了学习，学习是为了什么？在我们看来，学习是为了生产。如果学而不用，只是一时激动，没有行动，那是无效的。

作家马尔科姆·格拉德威尔（Malcolm Gladwell）在《异类》（*Outliers*）一书中提出了“一万小时定律”。他认为，人们眼中的天才之所以卓越非凡，并非天资超人一等，而是付出了持续不断的努力。一万小时的锤炼是任何人从平凡变得专业的必要条件。要成为某个领域的专家，至少需要一万小时。依此类推，如果我们每天工作八个小时，一周工作五天，要想成为一个领域的专家至少需要经历五年。我相信，如果我们能够在某件事情上坚持一万小时，那么对这件事情必定会相当精通。如果再通过系统化的科学训练或者持续更长时间，则很有可能成为这个行业的专家，甚至是顶级专家。

因此，再好的方法论和工具，也需要设计成一个持续的训练项目，在工作中不断地实践、反思、再学习、再实践。只有这样，才能跨越从知到行的鸿沟，才能真正做到内化于心，外化于行。

以上就是我们实施训战结合项目案例的一些具体实践，希望对大家有所帮助和启发。

范志荣
中国电信上海分公司

附：策略销售应用口诀

为了帮助大家更轻松地记忆和应用“策略销售”，我们总结了“策略销售”应用口诀。

策略销售应用口诀：

策略销售为何物？项目操盘真神器。

复杂销售缘何胜？策略精准再执行。

赤壁决战先妙算，沙盘推演计谋定。

先定策略后战术，排兵布阵有序动。

遇到大单莫慌张，罗盘助你断吉凶。

策略分析重逻辑，应对方法因人性。

流程步骤逐分析，磨刀不误砍柴工。

胜兵先胜再求战，败兵先战难有赢。

(一) 识别变化为第一

时过境迁皆有变，识别当下是何情。

先看客户何处境，购买动机源此生，

What 与 How 皆因 Why，决策逻辑有过程。

动机问题与障碍，解决方案有愿景，

逐步推理有先后，搜集信息互验证。

（二）目标明确且清晰

分析项目目标定，3W2H 要素清。

谁用谁买何时定？数量与钱多少明。

单一目标定盘星，此物一变天地惊。

高手变此局势变，起死回生输变赢。

（三）判断形势估温度

形势判断有三维，三者组合定位生，

客户已在何阶段？意向方案商务成？

紧急活跃亦延缓？有利与否看竞争。

我与对手谁更优？单一领先平手劣。

要问机会真感觉，扪心而问自有灵，

真实直觉有温度，零到一百别“还行”。

（四）EUTC 要分清

复杂项目多人定，EUTC 要分清，

组织常会分权制，有用有买还有评。

EB 成否一张嘴，不需请示自己定，

能成能否能花钱，投资回报战略撑。

UB 买了还要用，需求为先重应用，

实现双赢要靠他，老马识途长经营。

TB 只买不会用，负责筛选标准定，

挺你未必能算数，废你肯定你不行，

关注流程与标准，尊重为先多沟通。

Coach 教练非内线，项目成败引路灯，

从无到有靠发展，暗中助我别轻动。

Coach 标准有三信，互信被信加信心，

Coach 等级分五级，小心假 Coach 布陷阱。

罗盘角色要录全，警惕还有人陌生。

（五）客户如何评价我

客户是否支持我，源于处境反馈生，

支持项目支持我，两者务必要分清。

客户反馈分四类，G、T、EK 和 OC。

支持程度温度计，十个刻度标分明。

如虎添翼是 G 型，现实不差期望挺。

此为销售之福星，消除差距单易成。

亡羊补牢是 T 型，若不改变可不行，

着急窟窿如何补，不听优势焦点明。

我行我素是 EK，现实不差期望平，

除非先变 G 或 T，否则多好都没用。

班门弄斧是 OC，感觉超美自豪生，

建议哪如我现在，天下只有我最行。

定量评估支持度，－5、＋5 分十等。

直觉初判加证据，臆断自欺后悔生。

（六）究竟是谁说了算

复杂销售周期长，角色影响有权重，

阶段影响参与度，不同阶段有分工。

UB 前期参与高，商务逐步向下行。

TB 中期说了算，提前布局早沟通。

EB 后期升高位，集体决策微妙生。

Coach 始终是暗线，关键时刻显奇用。

影响大小看职级，专业风格资历定。

决策模型有玄机，时空互换险相平。

（七）他们到底想什么

组织价值个人赢，利公利己价值生，

结果与赢分阴阳，结果桌面赢心中。

结果源于业务线，投资量化回报明。

个人有赢不出口，有赢满足进程动。

探询判断个人赢，离苦得乐是常情。

直觉阅历懂人性，销售高低段位生。

（八）如何有效用资源

资源充沛枪弹足，资源调用靠水平。

细想谁能帮助我，用心积累资源生。

资源经营须用心，养兵千日一时顶，

高管专家与顾问，客户对手皆可用。

想清目的匹配用，互信沟通目标明。

考虑资源个人赢，及时感恩情谊生。

（九）面对竞争怎么办

牢记是谁在采购？结果不是对手定。

竞争不仅指对手，延缓弃买钱挪用。

对手行动要关注，切忌盲目跟着动，

先问 Coach 知态度，有的放矢目标明。

竞争对手莫贬低，鹬蚌相争利渔翁。

对手领先莫丧气，多找新人寻裂缝。

我若领先莫大意，警惕变化新面孔。

大幅降价实无效，价值价格相对等。

（十）如何应对关键人

上述九步皆完成，可定策略排行动。

项目成败终由人，理性分析感性定。

先询 Coach 再行动，EUTC 各不同，

EB 关注回报高，尊重 TB 好感生，

UB 买是为了用，应用成功有双赢，

出谋划策找 Coach，切忌出面险相生。

G、T 两类动力源，少了此类恐难成。

T 型着急 G 型高，两者应对要分明。

T 型过多都急迫，反应慢了有竞争。

G 型过多成本高，不变急迫难决定。

EK、OC 不可急，改变等待策略清，

EK 变 G 为上策，他人故事期望生，

EK 变 T 须谨慎，搞大问题手法轻，

OC 先要 PMP，释放自满耐心等，

精力投给 G/T，避免专家刀光影。

若难争取少树敌，EK 沟通 OC 捧。

欲速不达心莫急，支持不易大幅增，

−5 变−3 尚合理，−5 变+3 掉泥坑。
销售不只为支持，内部销售资源生，
循序渐增尊人性，符合常理步步赢。

（十一）正确行动赢信任

《毛选》开篇观点明，孰敌孰友先分清，
策略核心要统战，少树敌人多结盟。
行动步骤有序排，前进别忘后方营，
时刻巩固根据地，固强制弱记心中。
客户满意是王道，缘于结果个人赢，
探索呈现达共识，《信任五环》信任生！

参考文献

[1] 夏凯，田俊国．赢单九问：分享千万大单成交心得．厦门：鹭江出版社，2010.

[2] 夏凯，田俊国．赢单九问：系统讲透策略销售的实战宝典．北京：北京联合出版公司，2015.

[3] 夏凯．信任五环：超级销售拜访技巧．北京：机械工业出版社，2011.

[4] 夏凯．信任五环：超级销售拜访技巧．北京：人民大学出版社．2016.

[5] 夏凯．独孤求 Buy：顶尖销售的成长与战斗笔记．北京：北京大学出版社，2012.

[6] 黑曼，桑切兹，图勒加．新战略营销．齐仲里，姚晓冬，王富滨，译．北京：中央编译出版社．2008.

[7] 黑曼，桑切兹，图勒加．新概念营销．官阳，译．北京：中央编译

出版社，2006.

[8] 米勒，黑曼，图勒加．成功的大客户管理．俞缄，译．詹正茂，审校．北京：中央编译出版社，2006.

[9] 雷克汉姆，德文森蒂斯．销售的革命．陈叙，译．北京：中国人民大学出版社，2009.

[10] 佩吉．竞争性销售：简化企业销售的六大关键．北京：中国财政经济出版社．2004.

[11] 佩吉．打造卓越销售团队：世界上最伟大的销售团队如何做事．方琳，宋大海，译．北京：人民邮电出版社，2007.

[12] 博斯沃斯，霍兰德，维斯卡蒂斯．攻心式销售．邱璟旻，张无尘，译．北京：中华工商联合出版社，2010.

[13] 伊迪斯．再造销售奇迹．刘复苓，译．北京：中国财政经济出版社，2005.

[14] 狄克逊，亚当森．挑战式销售：引爆第四次销售革命．蔺雷，译．北京：化学工业出版社，2013.

[15] 蔡斯．竞争性销售：如何在 B2B 市场中胜出．毕崇毅，译．北京：机械工业出版社．2011.

[16] 理察森．完美销售教练：销售经理绝对提升指南．马慧，中原，译．北京：中华工商联合出版社，2010.

[17] 乔丹，法森那．99%的销售指标都用错了：破解销售管理的密码．毛雪梅，译．北京：中国人民大学出版社，2017.

[18] 霍兰德，扬．互联网时代的大客户销售．赵周，张科丽，译．北京：中国人民大学出版社，2012.

[19] 麦克切斯尼，柯维，霍林．高效能人士的执行 4 原则．张尧然，杨颖玥，译．北京：中国青年出版社，2013.

图书在版编目（CIP）数据

赢单罗盘训战手册：打造大客户销售铁军/鲁冰山，曾子亮，夏凯著．—北京：中国人民大学出版社，2019.6

ISBN 978-7-300-26568-1

Ⅰ.①赢…　Ⅱ.①鲁…②曾…③夏…　Ⅲ.①企业管理-销售管理-手册　Ⅳ.①F274-62

中国版本图书馆CIP数据核字（2019）第003103号

赢单罗盘训战手册

打造大客户销售铁军

鲁冰山　曾子亮　夏凯　著

Yingdan Luopan Xunzhan Shouce

出版发行	中国人民大学出版社		
社　　址	北京中关村大街31号	**邮政编码**	100080
电　　话	010－62511242（总编室）		010－62511770（质管部）
	010－82501766（邮购部）		010－62514148（门市部）
	010－62515195（发行公司）		010－62515275（盗版举报）
网　　址	http://www.crup.com.cn		
经　　销	新华书店		
印　　刷	天津中印联印务有限公司		
规　　格	160 mm×235 mm　16开本	**版　　次**	2019年6月第1版
印　　张	16.5 插页2	**印　　次**	2019年6月第1次印刷
字　　数	192 000	**定　　价**	65.00元